L'UNION DES FAMILLES,

ASSOCIATION MUTUELLE

CONTRE

LES CHANCES DU TIRAGE AU SORT

(POUR TOUTE LA FRANCE.)

Place Richelieu, N° 1, à Paris.

Compte-Rendu

des

Opérations de la Classe de 1841.

Premier Exercice.

1842.

Imprimerie de TROUSSEL et ISAMBERT, rue Saint-Guillaume, 21.

Note de l'Administration.

Ce Compte-Rendu, objet d'un travail aussi important que minutieux, est un document précieux, indispensable à une administration qui tient à honneur de justifier la confiance qu'elle a sollicitée; indispensable à la décharge de la responsabilité morale de ses correspondants; indispensable enfin à MM. les Souscripteurs eux-mêmes, auxquels il fournit les moyens de vérifier, de reconnaître & de réclamer au besoin.

En l'absence de ce travail, rigoureusement nécessaire pour des opérations de cette nature, il n'est que ténèbres, doutes & déceptions.

Quelle est la compagnie qui procède ainsi que nous ! Nous n'en connaissons pas.

L'UNION DES FAMILLES,

ASSOCIATION MUTUELLE

CONTRE

LES CHANCES DU TIRAGE AU SORT

POUR TOUTE LA FRANCE.

Place Richelieu, N° 1, à Paris.

J. G. D. Armengaud, Directeur Général.

Compte-Rendu

des Opérations de la Classe de 1841 (1).

A Messieurs les Membres composant le Conseil supérieur de l'UNION DES FAMILLES.

MESSIEURS,

Nous avons l'honneur de vous soumettre, en exécution de l'article 18 des statuts, le COMPTE-RENDU des opérations de l'*Union des Familles* pour la classe de 1841.

---

(1) Ce Compte-Rendu, si complet en renseignements de tous genres, est la preuve la plus irréfragable que la Direction générale puisse administrer de la fidélité de ses opérations. Il n'est pas une seule compagnie en France qui, ainsi que nous, fasse assister, pour ainsi dire, chacun de ses intéressés à l'inventaire de comptes dont il doit connaître.

  1842

Il fournit les renseignements suivants :

1° Que la somme totale des souscriptions recueillies s'élève à fr. 563,700;

2° Que le nombre des jeunes gens qui se sont intéressés dans l'association, est de 1319, divisé de la manière suivante :

143	de la cotisation de	100 fr.
140	id.	200
212	id.	300
204	id.	400
247	id.	500
214	id.	600
64	id.	700
76	id.	800
6	id.	900
11	id.	1,000
1	id.	1,100
1	id.	1,200

Total égal. . 1,319

3° Que, sur ce nombre, 665 ont été exemptés (1), et 654 ont été appelés (2), par suite des décisions des conseils de révision, à faire partie du contingent de l'armée ;

Que les souscripteurs exemptés sont ainsi classés :

71	de la cotisation de	100 fr.
74	id.	200
111	id.	300
108	id.	400
134	id.	500
90	id.	600
33	id.	700
34	id.	800
2	id.	900
7	id.	1,000
1	id.	1,100
0	id.	1,200

Total égal. . . 665

Que les souscripteurs appelés sont ainsi classés :

72	de la cotisation de	100 fr.
66	id.	200
101	id.	300
96	id.	400
113	id.	500
124	id.	600
31	id.	700
42	id.	800
4	id.	900
4	id.	1,000
0	id.	1,100
1	id.	1,200

Total égal. . 654

---

(1) Sous la dénomination d'*exemptés*, terme consacré par la loi, ont été désignés tous les souscripteurs libérés, exemptés ou dispensés.

(2) Nul souscripteur *appelé* n'a été admis au partage des fonds sans qu'au préalable sa position n'ait été constatée par certificats émanants du maire de la commune, de M. le sous-préfet de l'arrondissement ou de M. le préfet du département dans lesquels il a concouru au tirage.

4º Que la répartition générale des fonds de l'association a attribué un dividende, mise comprise et droits non prélevés, savoir :

Aux souscripteurs de fr.	100,	fr.	201	68.
id.	200,		403	74.
id.	300,		604	51.
id.	400,		803	06.
id.	500,		997	41.
id.	600,		1,178	47.
id.	700,		1,372	37.
id.	800,		1,558	64.
id.	900,		1,769	75.
id.	1,000,		2,029	75.
id.	1,100,		2,229	75.
id.	1,200,		2,329	75.

5º Que le nombre des cantons organisés, au moment du tirage de la classe de 1841, était de 1,115; que 685 directions ont envoyé des états négatifs; que 430 directeurs seulement ont recueilli des souscriptions;

6º Que les sommes déposées par les souscripteurs exemptés, car il n'est que ceux-là qui aient dû déposer, sont de fr. 279,600, et que les mandats nominatifs fournis sur les notaires dépositaires des fonds, au profit : 1º des souscripteurs appelés, 2º de l'Administration, 3º et de ses correspondants, s'élèvent à une égale somme de fr. 279,600.

Nous n'avons, Messieurs, à vous signaler aucun cas extraordinaire, aucune irrégularité, aucune perte, aucun retard dans le versement des cotisations.

Les résultats que nous venons d'avoir l'honneur de vous faire connaître sont à peu près ceux que nous vous avions annoncés à l'époque tardive de nos opérations.

Nous avions prévu que, commençant un ou deux mois seulement avant l'époque du tirage de la classe de 1841, notre organisation serait incomplète pour cette année, le nombre de nos souscripteurs peu considérable et les résultats de l'association peu satisfaisants (1).

Nous nous félicitons cependant, Messieurs, de cet essai; il était indispensable à notre instruction particulière. Observée sur une petite échelle,

---

(1) On ne doit point perdre de vue que la France se divise en 2834 cantons, et que dans chacun d'eux l'*Union des Familles* doit compter un correspondant; qu'elle n'a opéré, cette année, que dans 1,115, dont 430 seulement ont réalisé quelques souscriptions; que ces 430 directeurs encore sont-ils à peu près les seuls auxquels le matériel et les pouvoirs de la Direction soient parvenus en temps utiles, les autres n'en ayant été pourvus que la veille du tirage ou même après cette opération; d'où il suit qu'ils ont été dans l'impossibilité matérielle d'agir efficacement. Cette seule circonstance explique pourquoi le nombre de nos souscripteurs a été si peu considérable cette première année: si l'on ajoute que le temps a manqué aux directeurs même qui ont opéré pour étudier et faire comprendre l'opération, on cessera d'être surpris qu'il n'ait été recueilli que 1319 souscriptions, résultat probable, dans des temps de prospérité, d'un ou de deux départements tout au plus; le nombre des jeunes gens soumis au tirage chaque année dépassant 300 mille.

Le défaut d'organisation d'une part, et le petit nombre de souscriptions recueillies de l'autre, expliquent et justifient le peu d'élévation du dividende; notre opération, ainsi limitée, ayant dû nécessairement se trouver exposée à toutes les chances du hazard comme dans les bourses locales.

nous avons pû apprécier plus facilement le fonctionnement de notre machine et en régler ainsi tous les mouvements. Aujourd'hui, que le personnel de nos bureaux a bien compris le mécanisme de notre volumineuse et difficile comptabilité; aujourd'hui que nous-mêmes, par l'organe éclairé de nos correspondants, sommes bien édifiés sur la nature des améliorations à apporter à l'institution, nous pourrons facilement réaliser toutes les espérances que les premiers, Messieurs, et après vous la France entière, avez conçues de l'*Union des Familles*.

Nous venons de mettre la dernière main à la révision de nos instructions générales (1). Nous avons repris avec une nouvelle et incessante activité l'organisation de tous les cantons. Nous avons institué des inspecteurs qui sillonnent la France dans tous les sens, et dont la mission est de compléter l'instruction des correspondants, qu'ils ont ordre de nommer et de stimuler le zèle de ceux déjà en fonctions.

L'année prochaine, alors que notre organisation sera complète; que nos correspondants, certains de la loyauté et de la fidélité des comptes de l'Administration, seront, d'ailleurs, plus familiarisés avec le mode de nos opérations; que les familles, à leur tour, seront plus édifiées sur les avantages et les garanties de l'institution, l'*Union des Familles* réalisera 20,000 souscriptions.

Alors, et même avec un nombre beaucoup moins considérable, nous atteindrons ces proportions qui doivent nécessairement assurer de si beaux résultats aux souscripteurs de notre association mutuelle (2).

Nous ne terminerons pas, Messieurs, sans payer auprès de vous un juste tribut de reconnaissance à nos correspondants, au zèle, à l'intelligence et au dévouement desquels nous devons une partie de nos succès, et entre les mains desquels aussi nous remettons avec une entière confiance l'avenir de l'institution que nous dirigeons, à laquelle nous continuerons de consacrer tous nos soins et tout notre zèle.

---

(1) L'expérience de cette première année, les observations de nos correspondants, nous ont conduits à refaire presque complétement nos instructions.

Ce nouveau travail, divisé en quatre parties, est plus lucide, mieux compris et mieux classé; il a l'avantage de rendre les recherches plus faciles, de comprendre les prescriptions de nos diverses circulaires, de les supprimer conséquemment, et d'indiquer de nouvelles mesures importantes à l'effet d'assurer encore davantage l'exactitude de nos opérations.

(2) Nous maintenons ce que nous avons avancé, savoir: Que, lorsque notre institution aura atteint le degré de prospérité auquel elle a droit de prétendre, ses souscriptenrs recevront au moins deux fois et demi leur mise.

Nos calculs, puisés à des sources officielles, ne peuvent laisser aucun doute à cet égard; ils sont le résultat d'une opération mathématique fort facile à vérifier, en voici les éléments:

300,000 jeunes gens concourent au tirage; sur ce nombre il faut en déduire :

) 80,000 pour former le contingent.

160,000 } 80,000 environ pour les dispenses et réformes.

140,000 reste pour les exemptions et les libérations.

Tableau

Des Souscriptions reçues par L'UNION DES FAMILLES,

ASSOCIATION MUTUELLE

CONTRE LES CHANCES DU TIRAGE AU SORT

Pour toute la France.

Classe de 1841.

AIN.

DÉPARTEMENTS.	CANTON où le Souscripteur a concouru au tirage au sort.	NOMS et PRÉNOMS des SOUSCRIPTEURS.	Montant de la souscription.	Nº échu au tirage au Souscripteur.	Résultat des décisions du Conseil de révision touchant le Souscripteur.	SOMME brute revenant au souscripteur frappé par le sort.		NOMS ET QUALITÉS de MM. les Directeurs qui ont reçu la souscription.	de MM. les Dépositaires des fonds de l'Association.	Observations.
	Bourg.	Néant.	»	»	»	»	»	»	»	non organisé.
	Bagé-le-Châtel.	id.	»	»	»	»	»	Martin, gref.	»	»
	Ceyzeriat.	MORELLET, Laur.	200	3	exempté.	»	»	Bonnet, gref.	Barbet, not.	»
		CORRETEL, J.-Fr.	100	28	appelé.	201	68			
	Coligny	Néant	»	»	»	»	»	»	»	non organisé.
	Montrevel.	id.	»	»	»	»	»	»	»	id.
	Pont-d'Ain.	PERRET, Antoine.	100	104	exempté.	»	»	Bonnet, gref. à Ceyzeriat.	Barbet, not. à Ceyzeriat.	»
		BICHAT, Pierre-Jos.	100	32	appelé.	201	68			
	Pont-de-Vaux.	Néant.	»	»	»	»	»	»	»	non organisé.
	Pont-de-Veyle.	id.	»	»	»	»	»	Josserand, id.	»	»
	Treffort.	id.	»	»	»	»	»	Bonnet, à Ceyz.	Barbet, à Ceyz.	»
	St-Trivier-de-C.	id.	»	»	»	»	»	»	»	non organisé.
Ain.	Belley.	GERIN, Henri-Nic.	300	146	exempté.	»	»	Meillard, gref.	Meillard, dépos.	»
	Amberieux.	Néant.	»	»	»	»	»	»	»	non organisé.
	Champagne.	COTTON, Antoine.	200	40	appelé.	403	74	Cuny-Ravet gr	Cuny-Ravet n.	»
		BOUVERAT, César.	100	89	exempté.	»	»			
	Hauteville.	Néant.	»	»	»	»	»	»	»	non organisé.
	Lagnieu.	id.	»	»	»	»	»	»	»	id.
	Lhuis.	id.	»	»	»	»	»	»	»	id.
	St-Rambert.	id.	»	»	»	»	»	»	»	id.
	Seyssel.	id.	»	»	»	»	»	»	»	id.
	Virieux-le-Gr.	id.	»	»	»	»	»	»	»	id.
	Gex.	id.	»	»	»	»	»	»	»	id.
	Collonges.	id.	»	»	»	»	»	»	»	id.
	Ferney.	id.	»	»	»	»	»	Chevallier. gr.	»	»
	Nantua.	id.	»	»	»	»	»	Tétafort, secr.	»	»
	Brenod.	id.	»	»	»	»	»	»	»	non organisé.
	Chatillon de M.	id.	»	»	»	»	»	»	»	id.
	Izernore.	id.	»	»	»	»	»	»	»	id.
	Oyonnax.	id.	»	»	»	»	»	Delacour-de-C.	Guichon, Not.	»
		A reporter.	1,100	»	»	807	10			

AIN. AISNE.

Départements	Canton où le Souscripteur a concouru au tirage au sort.	Noms et prénoms des Souscripteurs.	Montant de la souscription.	N° échu au tirage au Souscripteur.	Résultat des décisions du Conseil de révision touchant le Souscripteur.	Somme brute revenant au Souscripteur frappé par le sort. (fr.)	(c.)	Noms et qualités de MM. les Directeurs qui ont reçu la souscription.	de MM. les dépositaires des fonds de l'Association.	Observations.
		Report.	1,100	»	»	807	10	»	»	»
Ain.	Poncin.	Néant.	»	»	»	»	»	»	»	non organisé.
	Trévoux.	id.	»	»	»	»	»	»	»	id.
	Chalamont.	id.	»	»	»	»	»	»	»	id.
	Chatillon-s-C.	id.	»	»	»	»	»	Jême, greffier.	»	»
	Mexinieux.	id.	»	»	»	»	»	Blanc, greffier.	Ginet, notaire.	»
	Montluel.	id.	»	»	»	»	»	»	»	non organisé.
	Thoissey.	Cueillerat, L.-C.	500	1	appelé.	997	41	Berger, gref.	Poncet, not.	»
		Geuilliou, P.	500	111	exempté.	»	»			
		St.-Dédier, Cl.	500	83	exempté.	»	»			
	St-Trivier-s-M.	Néant.	»	»	»	»	»	»	»	non organisé.
Aisne.	Laon.	Néant.	»	»	»	»	»	»	»	non organisé.
	Anizi-le-Chât.	id.	»	»	»	»	»	»	»	id.
	Chauny.	id.	»	»	»	»	»	Dupremont, gr.	»	»
	Coucy-le-Chât.	id.	»	»	»	»	»	»	»	non organisé.
	Craonne.	Beaudoin, R-V-l.	600	108	exempté.	»	»	Ladeuille, secr. de la mairie à Craonne.	Lapy, notaire. à Craonne.	»
		Tuné, Franc.-J.	600	101	exempté.	»	»			
		Brouleau, L.-J.	300	42	exempté.	»	»			
		Pognart, P.-L.-A.	600	61	exempté.	»	»			
		Soyez, Vinc.-Aug.	600	10	appelé.	1,178	47			
	Sissonne.	Becret, E.-M.	600	33	appelé.	1,178	47			
		Dufour, J.-B.F-.	600	34	appelé.	1,178	47			
		Barbier, J.-B.-L.	600	39	appelé.	1,176	47			
	Crécy-s.-Serre.	Néant.	»	»	»	»	»	»	»	non organisé.
	Lafère.	id.	»	»	»	»	»	Paris, greffier.	Foulon, not.	»
	Marle.	id.	»	»	»	»	»	»	»	non organisé.
	Neufchâtel.	id.	»	»	»	»	»	»	»	id.
	Rozoy-s.-Serre.	id.	»	»	»	»	»	De Chappe, gr.	»	»
	Sissonne	id.	»	»	»	»	»	»	»	non organisé.
	Château-Th.	id.	»	»	»	»	»	»	»	id.
	Charly s.-M.	id.	»	»	»	»	»	Veron, greffier.	Vignon, not.	»
	Condé-en-Brie.	id.	»	»	»	»	»	Gaillard, huiss.	»	»
	Fère-en-Tard.	id.	»	»	»	»	»	Bénard, propr.	»	»
	Neuilly-St-Fr.	id.	»	»	»	»	»	»	»	non organisé.
	St-Quentin.	id.	»	»	»	»	»	Breton, propr.	»	»
	Bohain.	id.	»	»	»	»	»	Gosset, gref.	»	»
	Le Catelet.	id.	»	»	»	»	»	Feron, gref.	»	»
	Moy.	id.	»	»	»	»	»	Lecrinier, gref.	»	»
	Ribemont.	id.	»	»	»	»	»	Becquet, huiss.	»	»
	St-Simon.	id.	»	»	»	»	»	Carlier, gref.	»	»
	Vermand.	id.	»	»	»	»	»	»	»	non organisé.
	Soissons.	id.	»	»	»	»	»	Beaumier, pr.	»	»
	Braime-s.-Vesle.	id.	»	»	»	»	»	Fremau, gref.	»	»
	Oulchy-le-Ch.	id.	»	»	»	»	»	»	»	non organisé.
	Vailly-s.-Aisne.	id.	»	»	»	»	»	»	»	id.
	Vic-sur-Aisne.	id.	»	»	»	»	»	»	»	id.
	Villers-Cotter.	id.	»	»	»	»	»	Guyot, gref.	»	»
	Vervins.	id.	»	»	»	»	»	Devoitine, sec.	»	»
	Aubenton.	id.	»	»	»	»	»	Legrand, huiss	»	»
	La Capelle.	id.	»	»	»	»	»	»	»	non organisé.
	Guise.	id.	»	»	»	»	»	Pizieux, gref.	»	»
	Hirson.	id.	»	»	»	»	»	Gravet, gref.	»	»
	Le Nouvion.	id.	»	»	»	»	»	»	»	non organisé.
	Sains.	id.	»	»	»	»	»	»	»	id.
	Wassigny.	id.	»	»	»	»	»	Hubert, gref.	Compère, not.	»
		A reporter.	7,100	»	»	6,518	39			

ALLIER. BASSES-ALPES.

DÉPARTEMENTS.	CANTON où le Souscripteur a concouru au tirage au sort.	NOMS et PRÉNOMS des SOUSCRIPTEURS.	Montant de la souscription.	N° échu au tirage au Souscripteur.	Résultat des décisions du Conseil de révision touchant le Souscripteur.	SOMME brute revenant au Souscripteur frappé par le sort.		NOMS ET QUALITÉS de MM. les Directeurs qui ont reçu la souscription.	de MM. les Dépositaires des fonds de l'Association.	Observations.
		Report.	7,100	»	»	6,518	39	»	»	»
	Moulins,	Néant.	»	»	»	»	»	»	»	non organisé.
	Bourbon-l'Arc.	GUET, Jean-Mich.	500	54	appelé.	997	41	Chappier, gref.	Enault notaire.	»
		GUILLAUMIN, L.	500	99	exempté.	»	»			
		LAMOUREUX, L.-F.	500	91	exempté.	»	»			
	Chevagnes.	Néant.	»	»	»	»	»	»	»	non organisé.
	Dompierre-s-B	id.	»	»	»	»	»	»	»	id.
	Lurcy-Levy.	id.	»	»	»	»	»	Fayard, gref.	»	»
	Montet-aux-M.	id.	»	»	»	»	»	Forichon, gref.	»	»
	Neuilly-le-Réal.	id.	»	»	»	»	»	»	»	non organisé,
	Souvigny.	DUFLOUX, Jean.	300	63	exempté.	»	»	Chassery, gref.	Fallier, not.	»
		JUGE, Martin.	300	56	exempté.	»	»			
		GIRAUD, Claude.	400	37	appelé.	803	06			
	Gannat.	Néant.	»	»	»	»	»	»	»	non organisé.
	Chantelle-le-C.	id.	»	»	»	»	»	Hervier, gref.	»	»
	Ebreuil.	id.	»	»	»	»	»	Delarue, gref.	»	»
	Escurolles.	id.	»	»	»	»	»	»	»	non organisé.
	St-Pourçain.	id.	»	»	»	»	»	»	»	id.
	Montlucon.	id.	»	»	»	»	»	Grison, secr.	»	»
	Hérisson.	RIOTTE, Jean.	700	32	exempté.	»	»	Guillot, gref.	De Neuvis, not.	»
	Cérilly.	GAUZARD, Michel,	700	30	appelé.	1,372	37			
Allier.		DUCEAU, Gilbert.	700	90	exempté.	»	»		Bourdillon, id.	»
		SANVOISIN, Gab.	900	51	appelé.	1,769	75			
		BODARD, Paul.	600	23	appelé.	1,178	47			
		DURIN, Antoine.	300	48	appelé.	604	51			
		DURIN, Pierre.	500	79	exempté.	»	»			
	Hérisson.	MARCEAU, Phil.	500	9	appelé.	997	41	Petit, greffier.	De Neuvis, not.	»
		PERNIER, Pierre.	200	85	exempté.	»	»			
		AUBOUARD, Franç.	500	43	appelé.	997	41			
		BERTON, Philippe.	200	28	appelé.	403	74			
		COLLINET, Louis.	200	13	appelé.	403	74			
	Huriel.	Néant.	»	»	»	»	»	»	»	non organisé.
	Marcillat.	id.	»	»	»	»	»	»	»	id.
	Monmarault.	GUILLOUX, Louis.	700	68	appelé.	1,372	37	Philippon, secr. de la mairie.	Boucaumons, n.	»
		AVIGNON, Jean.	500	26	appelé.	997	41			
		PARILHAUD, Jean.	100	86	appelé.	201	68			
		LUCAT, François.	100	83	appelé.	201	68			
	Varennes-s-Al.	ROUDIER, Jean.	500	106	exempté.	»	»	Lefaucheur, s. à Lapalisse.	Martin, not. à Lapalisse.	»
		GRIFFET, Gilbert.	500	56	appelé.	997	41			
	La Palisse.	MAGUET, Simon.	500	125	appelé.	997	41			
	Jaligny.	MINARD, Pierre,	600	72	exempté.	»	»			
	Cusset.	Néant.	»	»	»	»	»	Monvoisin, not.	»	»
	Le Donjou.	id.	»	»	»	»	»	»	»	non organisé.
	Jaligny.	id.	»	»	»	»	»	Lomet, greffier.	Saulnier not.	»
	Le Mayet-de-M.	id.	»	»	»	»	»	»	»	non organisé.
	Varennes.	id.	»	»	»	»	»	»	»	id.
	Digne.	Néant.	»	»	»	»	»	Magaud, secr.	»	»
	Barrême.	id.	»	»	»	»	»	»	»	non organisé.
Basses-Alpes.	La Javie.	id.	»	»	»	»	»	Granoux, gref.	Ranvers not.	»
	Les Mées.	id.	»	»	»	»	»	»	»	non organisé.
	Mezel.	id.	»	»	»	»	»	»	»	id.
	Moustiers.	id.	»	»	»	»	»	»	»	id.
	Riez.	id.	»	»	»	»	»	»	»	id.
	Seyne.	id.	»	»	»	»	»	»	»	id.
	Valensolle.	id.	»	»	»	»	»	Aillaud, prop.	Arnaud, not.	»
		A reporter.	19,100	»	»	20,814	22	»	»	»

BASSES-ALPES. HAUTES-ALPES.

Départements.	Canton où le Souscripteur a concouru au tirage au sort.	Noms et Prénoms des Souscripteurs.	Montant de la souscription.	N° échu au tirage au Souscripteur.	Résultat des décisions du Conseil de révision touchant le Souscripteur.	Somme brute revenant au Souscripteur frappé par le sort.		Noms et Qualités de MM. les Directeurs qui ont reçu la souscription.	de MM. les Dépositaires des fonds de l'Association.	Observations.
		Report. .	19,100	»	»	20,814	22	»	»	»
Basses-Alpes.	Barcelonnette	Néant.	»	»	»	»	»			
	Le Lauzet.	CLARIOND, Hyac.	200	1	exempté.	»	»	Donadieu, secr. de la mairie, à Barcelonnette.	Paquet, not. à Barcelonnette.	»
		GILLY, Jos.-Aug.	200	6	appelé.	403	74			
		ALPHAND, P.-Et.	300	37	appelé.	604	51			
		MATHIEU, P.-Ant.	500	51	exempté.	»	»			
		MATHIEU, Benoist.	400	18	appelé.	803	06			
		SALVA, Jean-Louis.	400	32	exempté.	»	»			
	St-Paul.	SPITALIER, Etien.	200	3	exempté.	»	»			
	Allos.	Néant.	»	»	»	»	»	»	»	non organisé.
	Le Lauzet.	id.	»	»	»	»	»	»	»	id.
	St-Paul.	id.	»	»	»	»	»	»	»	id.
	Castellane.	id.	»	»	»	»	»	»	»	»
	Annot.	id.	»	»	»	»	»	Lussignol, huis	»	non organisé.
	Colmars.	FABRY, Joseph.	400	12	appelé.	803	06	Pelissier, gref.	»	»
	Entrevaux.	ROUBAUD, Bienv.	500	37	exempté.	»	»	De Prats, gref.	Cotton, not.	»
		CHABAUD, J.-L.	500	36	exempté.	»	»			
		LAUGIER, J.-B.-J.	500	26	exempté.	»	»			
	Annot.	HENRICY, J.-J.	400	2	appelé.	803	06	Deprats, à Ent.	Cotton. not.	»
	St-André.	Néant.	»	»	»	»	»	Gibert, gref.	»	»
	Senez.	id.	»	»	»	»	»	»	»	non organisé.
	Forcalquier.	id.	»	»	»	»	»	»	»	id.
	Banon.	id.	»	»	»	»	»	»	»	id.
	Manosque.	id.	»	»	»	»	»	»	»	id.
	Peyruis.	id.	»	»	»	»	»	»	»	id.
	Reillanne.	id.	»	»	»	»	»	»	»	id.
	St-Etienne-l.-O	id.	»	»	»	»	»	»	»	id.
	Sisteron.	id.	»	»	»	»	»	»	»	id.
	La Motte-du-C.	id.	»	»	»	»	»	»	»	id.
	Noyers.	id.	»	»	»	»	»	»	»	id.
	Turriers.	id.	»	»	»	»	»	»	»	id.
	Volonne.	id.	»	»	»	»	»	»	»	id.
Hautes-Alpes.	Gap.	Néant.	»	»	»	»	»	»	»	»
	Aspres-les-V.	MORGAN. Vict.-Al.	500	46	exempté.	»	»	Richier, à Gap.	Lachaux, not.	»
		SIMON, Jean-Jos.	300	36	exempté.	»	»			»
	Barcillonnette.	Néant.	»	»	»	»	»	»	»	non organisé.
	La Bâtie-Neuve.	id.	»	»	»	»	»	»	»	id.
	Laragne.	id.	»	»	»	»	»	»	»	id.
	Orpierre.	id.	»	»	»	»	»	»	»	id.
	Ribiers.	id.	»	»	»	»	»	»	»	id.
	Rosans.	JEAN, Pierre.	400	7	appelé.	803	06	Joubert, gref.	Montlahuc, n.	»
		MOURRE, J.-P.	600	27	exempté.	»	»			
	Saint-Bonnet.	BOREL, Florentin.	200	21	appelé.	403	74	Richier à Gap.	»	»
	St Etienne en D.	Néant.	»	»	»	»	»	»	»	non organisé.
	St-Firmin-en-V.	GRAS, Jean-Franç.	800	5	appelé.	1,558	64	Richier à Gap.	Long, notaire.	»
		MOTTE, Jos.-Aug.	500	43	exempté.	»	»			
		PERIER, Pierre.	500	26	appelé.	997	41			
		GALVIN, Jean.	300	24	appelé.	604	51			
		EYRAUD, François.	200	29	appelé.	403	74			
	Serres.	GRIMAUD, A.-P.	500	29	appelé.	997	41	Moullin, gref.	Bernard, not.	»
		ROUSTAN, F.-A.	400	10	appelé.	803	06			
		RICHAUD, Victor.	300	6	appelé.	604	51			
		JULLIEN, Franç.	500	1	appelé.	997	41			
		TOURNIAIRE, C.-A.	400	11	appelé.	803	06			
		JOUVE, P.-F.-D.	300	39	exempté.	»	»			
		A reporter. .	30,300	»	»	33,208	20			

HAUTES-ALPES. ARDÈCHE.

DÉPARTEMENTS.	CANTON où le Souscripteur a concouru au tirage au sort.	NOMS et PRÉNOMS des SOUSCRIPTEURS.	Montant de la souscription.	N° échu au tirage au Souscripteur.	Résultat des décisions du Conseil de révision touchant le Souscripteur.	SOMME brute revenant au Souscripteur frappé par le sort.		NOMS ET QUALITÉS de MM. les Directeurs qui ont reçu la souscription.	de MM. les Dépositaires des fonds de l'Association.	Observations.
		Report.	30,300	»	»	33,208	20	»	»	»
	Serres.	MATHIEU, J.-B.	400	54	exempté.	»	»	Moullin, gref.	Bernard, not.	»
		TAXIL, Etienne.	300	49	exempté.	»	»			
	Tallard.	Néant.	"	»	»	»	»	Richier, à Gap.	Faure, notaire.	»
	Veynes.	ROUBAUD, Pierre.	500	31	exempté.	»	»	Richier, à Gap.	Verdier, not.	»
	Briançon.	FAURE, Jacq.-Hon	300	13	appelé.	604	51			
		FAUREBRAC, Jean.	800	41	appelé.	1,558	64			
		VIALLET, J.-B.	700	35	exempté.	»	»	Eymard, secrét. de la mairie	Faurebrac, not.	»
		FAUREBRAC, J.-A.	800	64	exempté.	»	»			
		TRAVAIL, Joseph.	400	19	appelé.	803	06			
		ALLEMAND, A.-S.	800	6	appelé.	1,558	64			
		FRANCOU. L.-A.	600	43	exempté.	»	»			
Hautes-Alpes.	Aiguilles.	Néant.	»	»	»	»	»	»	»	non organisé.
	Largentière.	id.	»	»	»	»	»	»	»	id.
	La Grave-en-O.	id.	»	»	»	»	»	»	»	id.
	Le Monestier.	FINAT, Jean-Joseph	400	30	appelé.	803	06			
		PEYTHIEU, J.-B.	600	16	appelé.	1,178	47			
		BERARD, Zéphirin.	600	7	appelé.	1,178	47	Eymard à Briançon.	Faurebrac, à Briançon.	»
		BERAUD, Jacques.	500	34	appelé.	997	41			
		CAIRE, P.-A.	600	39	appelé.	1,178	47			
		PHILIPPE, Dés.-E.	400	26	appelé.	803	06			
	Embrun.	Néant.	»	»	»	»	»	»	»	non organisé.
	Chorges.	id.	»	»	»	»	»	»	»	id.
	Guillestre.	NEVIÈRE, D.-G.	800	24	appelé.	1,558	64			
		PALLUEL, Reym.	300	39	appelé.	604	51			
		ALBRAND, Florent.	100	56	appelé.	201	68			
		CHABRAND, Joseph	200	3	appelé.	403	74	Salva, gref.	Sauvan, not.	»
		ESMIEU, Jean-P.	100	55	appelé.	201	68			
		PALLUEL, Reym.	1200	39	appelé.	2,329	75			
	Orcières.	Néant.	»	»	»	»	»	»	»	non organisé.
	Savines.	id.	»	»	»	»	»	»	»	id.
	Privas.	Néant.	»	»	»	»	»	Desrilles, secr.	Romieu, not.	»
	Antraigues.	id.	»	»	»	»	»	»	»	non organisé.
	Aubenas.	id.	»	»	»	»	»	»	»	id.
	Bourg-St-And.	ANDÉOL, Simon.	600	33	appelé.	1,178	47	Simon, gref.	»	»
	Chomerac.	Néant.	»	»	»	»	»	»	»	non organisé.
	Rochemaure.	id.	»	»	»	»	»	Mialon, gref.	»	»
	St-Pierreville.	SERRES, J.-P.	300	22	appelé.	604	51	Desrilles, à Pr.	Romieu, not. à Privas.	»
		DUBOIS, Rubens.	400	62	exempté.	»	»			
Ardèche.	Villeneuve de B.	Néant.	»	»	»	»	»	»	»	non organisé.
	Viviers.	id.	»	»	»	»	»	Raoux, gref.	»	»
	La Voulte.	id.	»	»	»	»	»	»	»	non organisé.
	Largentière.	id.	»	»	»	»	»	»	»	id.
	Burzet.	id.	»	»	»	»	»	Fargier, gref.	Arnaud, not.	»
	Coucouron.	id.	»	»	»	»	»	»	»	non organisé.
	Joyeuse.	id.	»	»	»	»	»	»	»	non organisé.
	Montpezat.	id.	»	»	»	»	»	»	»	id.
	S-Etienne-de-L.	id.	»	»	»	»	»	»	»	id.
	Thueyts-Chad.	id.	»	»	»	»	»	»	»	id.
	Valgorge.	id.	»	»	»	»	»	»	»	id.
	Vallon.	id.	»	»	»	»	»	»	»	id.
	Les Vans.	BRUNET, J.-S.-L.	500	149	exempté.	»	»			
		HOURS, Aug.-Cyp.	500	79	appelé.	997	41	Brunet, gref.	Molines, not.	»
		MANIFACIER, J.-F.	200	151	exempté.	»	»			
		SARAMEJEANNE, J.	500	115	exempté.	»	»			
		A reporter.	44,700	»	»	51,952	38			

ARDÈCHE. ARDENNES.

Départements.	Canton où le Souscripteur a concouru au tirage au sort.	Noms et prénoms des Souscripteurs.	Montant de la souscription.	No échu au tirage au Souscripteur.	Résultat des décisions du Conseil de révision touchant le Souscripteur.	Somme brute revenant au Souscripteur frappé par le sort.		Noms et qualités de MM. les Directeurs qui ont reçu la souscription.	de MM. les Dépositaires des fonds de l'Association.	Observations.
		Report.	44,700	»	»	51,952	38	»	»	»
Ardèche.	Les Vans.	Bonnaure, T.-L.	400	156	exempté.	»	»	Brunet, gref.	Molines, not.	»
		Pagès, Maurice.	400	129	exempté.	»	»			
		Tournayre, J.-M.	300	91	appelé.	604	51			
		Pellier, Victor.	300	114	exempté.	»	»			
		Bayle, Joseph.	300	15	appelé.	604	51			
		Allègre, Bazile.	300	19	appelé.	604	51			
		Coubes, François.	300	24	appelé.	604	51			
		Lacroix, Alexis.	300	116	exempté.	»	»			
		Roure, Alphonse.	100	80	appelé.	201	68			
		Rouvière, J.-F.-E.	200	67	exempté.	»	»			
	Tournon.	Néant.	»	»	»	»	»	»	»	non organisé.
	Annonay.	Liversin, Louis.	400	40	appelé.	803	06	Ferand, gref.	Frachon, not.	»
	Le Chaylard.	Néant.	»	»	»	»	»	»	»	non organisé.
	La Mastre.	Mazoyer, J.-P.	300	26	appelé.	604	51	Chambron, gr.	Bancel, not.	»
		Bouvet, J.-P.	300	74	exempté.	»	»			
		Lamblard, Eph.	100	50	appelé.	201	68			
	St-Agrève.	Néant.	»	»	»	»	»	»	»	non organisé.
	St-Félicien.	id.	»	»	»	»	»	»	»	id.
	St-Martin-de-V.	id.	»	»	»	»	»	Menut, gref.	»	»
	St-Peray.	id.	»	»	»	»	»	»	»	non organisé.
	Satillieu.	id.	»	»	»	»	»	»	»	id.
	Serrières.	id.	»	»	»	»	»	Chambaud, pr.	»	»
	Vernoux.	id.	»	»	»	»	»	»	»	non organisé.
Ardennes.	Mézières.	Néant.	»	»	»	»	»	»	»	non organisé.
	Charleville.	id.	»	»	»	»	»	»	»	id.
	Flize.	id.	»	»	»	»	»	»	»	id.
	Montherme.	id.	»	»	»	»	»	»	»	id.
	Omont.	id.	»	»	»	»	»	»	»	id.
	Renwez.	id.	»	»	»	»	»	»	»	id.
	Signy-l'Abbaye.	id.	»	»	»	»	»	Galopin, gref.	Baudet, not.	»
	Asfeld.	Routhier, C.-A.	200	14	appelé.	403	74	Badinier, gref.	Berthélemy, n.	»
		Gacouin, L.-S.	100	83	exempté.	»	»			
		Baligand, J.-B.	100	1	appelé.	201	68			
	Château-Por.	Néant.	»	»	»	»	»	»	»	non organisé.
	Chaumont-Por.	id.	»	»	»	»	»	»	»	id.
	Juniville.	id.	»	»	»	»	»	»	»	id.
	Novion-Por.	id.	»	»	»	»	»	»	»	id.
	Rhetel.	id.	»	»	»	»	»	»	»	id.
	Rocroy.	id.	»	»	»	»	»	Labarre, prop.	»	».
	Fumay.	id.	»	»	»	»	»	»	»	non organisé.
	Givet.	id.	»	»	»	»	»	»	»	id.
	Rumigny.	id.	»	»	»	»	»	»	»	id.
	Signy-le-Petit.	id.	»	»	»	»	»	»	»	id.
	Sedan.	id.	»	»	»	»	»	»	»	id.
	Carignan.	id.	»	»	»	»	»	»	»	id.
	Mouzon.	Brixon, Auguste.	400	83	exempté.	»	»	Potron, clerc.	Allaire, not.	»
		Sternaux, Jos.	400	72	exempté.	»	»			
		Couty, Jean-Bapt.	400	56	exempté.	»	»			
	Raucourt.	Néant.	»	»	»	»	»	»	»	non organisé.
	Vouziers.	id.	»	»	»	»	»	»	»	id.
	Attigny.	id.	»	»	»	»	»	»	»	id.
	Buzancy.	id.	»	»	»	»	»	»	»	id.
	Le Chesne.	id.	»	»	»	»	»	»	»	id.
	Machault.	id.	»	»	»	»	»	»	»	id.
		A reporter.	50,300	»	»	56,786	77			

ARDENNES. ARIÉGE. AUBE.

Départements.	Canton où le Souscripteur a concouru au tirage au sort.	Noms et Prénoms des Souscripteurs.	Montant de la souscription.	N° échu au tirage au Souscripteur.	Résultat des décisions du Conseil de révision touchant le Souscripteur.	Somme brute revenant au Souscripteur frappé par le sort.		Noms et Qualités de MM. les Directeurs qui ont reçu la souscription.	de MM. les Dépositaires des fonds de l'Association.	Observations.
		Report.	50,300	»	»	56,786	77	»	»	»
Ard.	Montbois.	Néant.	»	»	»	»	»	»	»	non organisé.
	Tourteron.	id.	»	»	»	»	»	De Montgon, g.	»	»
	Grandpré.	id.	»	»	»	»	»	»	»	non organisé.
Ariège.	Foix.	Néant.	»	»	»	»	»	»	»	non organisé.
	Ax.	id.	»	»	»	»	»	»	»	id.
	La Bastide de S.	id.	»	»	»	»	»	»	»	id.
	Les Cabannes.	id.	»	»	»	»	»	Remaury, gref.	»	»
	Lavelanet.	id.	»	»	»	»	»	Portet, secrét.	Courrent not.	»
	Quérigut.	id.	»	»	»	»	»	»	»	non organisé.
	Tarascon.	id.	»	»	»	»	»	»	»	id.
	Vic-Dessos.	Nan. Jean-Mineur.	600	59	exempté.	»	»	Vidal, greffier.	Deguilhem , n.	»
		Delpy, Jean-Just.	400	15	appelé.	803	06			
		Magé, Antonin.	400	49	exempté.	»	»			
		Vidal, Jean-Ant.	200	35	appelé.	403	74			
	St.-Girons.	Surre, Jean-Bapt.	600	166	exempté.	»	»	Massonnier. ag.	Omer-Rouaix.	»
		Gouazé, Jacques.	400	159	exempté.	»	»			
	Castillon.	Lannes, Auguste.	700	110	appelé.	1,372	37	Berdal, géom.	»	»
	Massat.	Talieu, Jean-Cast.	600	41	appelé.	1,178	47	Massonnier, à S-Girons.	Omer-Rouaix, à St-Girons.	»
		Loubet, P.-N.	600	125	exempté.	»	»			
		Degeilh, J.-A.	500	130	exempté.	»	»			
	Oust.	Galy, P-Jaujou.	600	80	appelé.	1,178	47	Massonnier, à S-Girons.	Omer-Rouaix, à St-Girons.	»
		Brousset, Paul.	600	3	appelé.	1,178	47			
		Degeilh, Eugène.	600	16	appelé.	1,178	47			
		Benazet, J.-Chiné.	600	54	appelé.	1,178	47			
		Durand, Jean.	600	47	appelé.	1,178	47			
	Ste-Croix.	Néant.	»	»	»	»	»	Barrère, gref.	Coutanceau, n.	»
	St-Lizier.	id.	»	»	»	»	»	Darrou, prop.	»	»
	Pamiers.	id.	»	»	»	»	»	»	»	non organisé.
	Le Fossat.	id.	»	»	»	»	»	Conféron, gref.	»	»
	Le Mas-d'Azil.	id.	»	»	»	»	»	»	»	non organisé.
	Mirepoix.	id.	»	»	»	»	»	»	»	id.
	Saverdun.	Finet, Pierre.	600	6	exempté.	»	»	Belinguier , gr.	Laurens, not.	»
	Varilles.	Néant.	»	»	»	»	»	»	»	non organisé.
Aube.	Troyes.	Néant.	»	»	»	»	»	Thomassin. h.	»	»
	Aix-en-Othe.	id.	»	»	»	»	»	Maillard, gref.	»	»
	Bouilly.	id.	»	»	»	»	»	»	»	non organisé.
	Ervy.	id.	»	»	»	»	»	Beugnon, gref.	»	»
	Estissac.	id.	»	»	»	»	»	Landry, perc.	Chanteclère, n.	»
	Lusigny.	id.	»	»	»	»	»	»	»	non organisé.
	Piney-Luxemb.	id.	»	»	»	»	»	»	»	id.
	Arcis-s-Aub	id.	»	»	»	»	»	»	»	id.
	Chavanges.	id.	»	»	»	»	»	Menuel, perc.	»	»
	Mery-s.-Seine.	Vallange, L.-S.	300	83	exempté.	»	»	Blampignon-P.	Aveline, not.	»
	Ramerupt.	Néant.	»	»	»	»	»	»	»	non organisé.
	Bar-s-Aube.	Lambert, Gilles.	100	74	appelé.	•201	68	Angevin, gref.	Vincent, not.	»
		Voirin, Michel.	300	17	appelé.	604	51			
	Brienne-le-Ch.	Néant.	»	»	»	»	»	Mauffroy, gref.	Guyot, not.	»
	Soulaines.	id.	»	»	»	»	»	»	»	non organisé.
	Vandeuvres.	id.	»	»	»	»	»	Cheronnet , gr.	»	»
	Bar-s-Seine	Merey, Félix-Nic.	400	37	appelé.	803	06	Lacroix, secrét.	»	»
	Chaource.	Néant.	»	»	»	»	»	Prévost, perc.	»	»
	Essoyes.	Garnier, Antoine.	400	135	exempté.	»	»	Bondoux, ex-h.	Bacquias, not.	»
		Collon, J.-B.	500	61	appelé.	997	41			
		A reporter.	60,900	»	»	69,043	42			

AUBE. AUDE. AVEYRON.

Départements.	Canton où le Souscripteur a concouru au tirage au sort.	Noms et prénoms des Souscripteurs.	Montant de la souscription.	N° échu au tirage au Souscripteur.	Résultat des décisions du Conseil de révision touchant le Souscripteur.	Somme brute revenant au Souscripteur frappé par le sort		Noms et qualités de MM. les Directeurs qui ont reçu la souscription.	de MM. les Dépositaires des fonds de l'Association.	Observations.
		Report.	60,900	»	»	69,043	42	»	»	»
Aube.	Essoyes.	FORTIER, Louis.	300	64	appelé.	604	51	Bandous, ex-b.	Bacquias, not.	»
	Mussy-s.-Seine.	Néant.	»	»	»	»	»	»	»	non organisé
	Les Riceys.	id.	»	»	»	»	»	»	»	id.
	Nogent-s-S.	id.	»	»	»	»	»	Garousse, emp.	»	»
	Marcilly-le-H.	id.	»	»	»	»	»	»	»	non organisé
	Romilly-s.-S.	COLIN, Dominique	200	111	exempté.	»	»	Nérat, gref.	Lenfant, not.	»
	Villenauxe.	Néant.	»	»	»	»	»	Leclerc, entrep.	»	»
Aude.	Carcassonne	Néant.	»	»	»	»	»	Cros, pr.-clerc.	Callat, notaire.	»
	Alzonne.	id.	»	»	»	»	»	Gibert, gref.	Monchal, not.	»
	Capendu.	id.	»	»	»	»	»	Bouchy, gref.	»	»
	Conques.	id.	»	»	»	»	»	»	»	non organisé
	La Grasse.	id.	»	»	»	»	»	»	»	id.
	Mas-Cabardès.	id.	»	»	»	»	»	»	»	id.
	Montréal.	BARRIÉ, L.-Et.	600	44	exempté.	»	»	Blanquier, gref.	Marcoul, not.	»
		CABANIÉ, Raym.	600	8	appelé.	1,178	47			
	Monthoumet.	Néant.	»	»	»	»	»	Izard, greffier.	Péa, not.	»
	Peyriac-Miner.	id.	»	»	»	»	»	Bernard, gref.	Grillet, not.	»
	Saissac.	id.	»	»	»	»	»	»	»	non organisé
	Tuchan.	id.	»	»	»	»	»	»	»	id.
	Castelnaud.	id.	»	»	»	»	»	»	»	id.
	Belpech.	id.	»	»	»	»	»	Pouget, gref.	»	»
	Fanjeaux.	id.	»	»	»	»	»	»	»	non organisé
	Salles-s.-Lhers.	id.	»	»	»	»	»	Sabatier, gref.	Dufort, not.	»
	Limoux.	id.	»	»	»	»	»	Ribes, not.	Ribes, not.	»
	Alaigne.	PONS, Etienne.	200	51	exempté.	»	»	Beziat, gref.	Faure, notaire.	»
		MILLET, Antoine.	600	62	exempté.	»	»			
	Belcaire.	Néant.	»	»	»	»	»	»	»	non organisé
	Chalabre.	id.	»	»	»	»	»	Servat, secrét.	»	»
	Couiza.	id.	»	»	»	»	»	»	»	non organisé
	Quillan.	id.	»	»	»	»	»	Gellis, gref.	Canavy, not.	»
	Roquefort-de-S.	id.	»	»	»	»	»	Vaysse, gref.	Casteilla, not.	»
	St-Hilaire.	id.	»	»	»	»	»	»	»	non organisé
	Narbonne,	id.	»	»	»	»	»	»	»	id.
	Coursan.	id.	»	»	»	»	»	»	»	id.
	Durban.	id.	»	»	»	»	»	»	»	id.
	Ginestas.	id.	»	»	»	»	»	Teisseire, gref.	»	»
	Lesignan.	id.	»	»	»	»	»	»	»	non organisé
	Sijean.	id.	»	»	»	»	»	»	»	id.
Aveyron.	Rodez.	Néant.	»	»	»	»	»	»	»	non organisé
	Bozouls.	id.	»	»	»	»	»	»	»	id.
	Cassagnes-Bég.	id.	»	»	»	»	»	Capelle, direct.	Grimal, not.	»
	Conques.	id.	»	»	»	»	»	»	»	non organisé
	Marcillac.	id.	»	»	»	»	»	»	»	id.
	Naucelle.	id.	»	»	»	»	»	»	»	id.
	Pont-de-Salars.	VACARESSE, Josep.	200	36	appelé.	403	74	Palous, gref.	Pouget, not.	»
		MASSOL, Antoine.	100	4	exempté.	»	»			
	Requista.	Néant.	»	»	»	»	»	»	»	non organisé
	Rignac.	id.	»	»	»	»	»	»	»	id.
	La Salvetat.	id.	»	»	»	»	»	Boyer, gref.	Lacan, not.	»
	Sauveterre.	id.	»	»	»	»	»	»	»	non organisé
	Espalion.	id.	»	»	»	»	»	»	»	id.
	Entraigues.	id.	»	»	»	»	»	»	»	id.
	Estaing.	id.	»	»	»	»	»	Cayla, not.	Cayla, not.	»
		A reporter.	63,700	»	»	71,230	14	»	»	»

AVEYRON. BOUCHES-DU-RHONE.

Départements.	CANTON où le Souscripteur a concouru au tirage au sort.	NOMS et PRÉNOMS des SOUSCRIPTEURS.	Montant de la souscription.	N° échu au tirage au souscripteur.	Résultat des décisions du Conseil de révision touchant le souscripteur.	SOMME brute revenant au Souscripteur frappé par le sort.		NOMS ET QUALITÉS de MM. les Directeurs qui ont reçu la Souscription.	de MM. les Dépositaires des fonds de l'Association.	Observations.
		Report. .	63,700	»	»	71,230	14	»	»	»
	La Guiole	Néant.	»	»	»	»	»	»	»	non organisé.
	Mur-de-Barez.	MAUREL, Pierre.	400	32	exempté.	»	»	Lambel, gref.	Andriot, not.	»
	St-Amans.	Néant.	»	»	»	»	»	»	»	non organisé.
	St-Chely.	id.	»	»	»	»	»	»	»	id.
	Ste-Geneviève.	id.	»	»	»	»	»	»	»	id.
	St-Geniez.	MARTIN, A.-J.	100	36	exempté.	»	»	Rouquayrol, g.	Rouquayrol, n.	»
	Milhau.	Néant.	»	»	»	»	»	»	»	non organisé.
	Campagnac.	id.	»	»	»	»	»	»	»	id.
	Laissac.	id.	»	»	»	»	»	»	»	id.
	Nant.	id.	»	»	»	»	»	Bruguière, gr.	»	»
	Peyreleau.	GUIBERT, J.-P.	500	12	exempté.	»	»	Duranc, gref.	Duranc, not.	»
	St-Bauzely.	Néant.	»	»	»	»	»	»	»	non organisé.
	Salles-Curan.	id.	»	»	»	»	»	»	»	id.
	Severac.	id.	»	»	»	»	»	Delzers, gref.	»	»
	Vezins.	DELPAL, J.-J.-L.	300	25	appelé.	604	51	Fabre, gref.	»	»
Aveyron.		GIRBAL, N.-P.	300	89	exempté.	»	»			
		MOLINIÈRE, S.-D.	400	63	appelé.	803	06			
		GRAND, J.-Arist.	400	94	exempté.	»	»			
	St.-Affrique.	RAYNAL, P.-H.	400	72	exempté.	»	»	Ancessy, secr. de la mairie, à St-Affrique.	Rouquayrol, n. à St-Affrique.	»
		BARASCUT, H.-J.-P.	400	19	appelé.	803	06			
		GAUBERT, A.-P.	300	24	appelé.	604	51			
		REY, Etienne.	300	23	appelé.	604	51			
	St-Sernin.	PASTUREL, C.-P.	500	123	exempté.	»	»			
		ESPINASSE, L. S. H.	500	79	appelé.	997	41			
		BONNET. P.-P.	400	43	appelé.	803	06			
	St-Rome-de-T.	DAURES, L.-F.	400	90	exempté.	»	»			
	Belmont.	Néant.	»	»	»	»	»	»	»	non organisé.
	Camarès.	PONS, Antoine,	300	104	exempté.	»	»	Chausit, gref.	Rols, not.	»
		DURAND, André	100	24	appelé.	201	68			
	Cornus.	Néant.	»	»	»	»	»	»	»	non organisé.
	St-Rome-de-T.	id.	»	»	»	»	»	»	»	id.
	St-Sernin.	id.	»	»	»	»	»	»	»	id.
		COYNES, Pierre.	400	39	appelé.	803	06			
		COUTAREL, P.-J.	400	63	appelé.	803	06			
	Villefranche	PACHINS, A.-J.-C.	400	81	exempté.	»	»	Durand, gref.	Panissal, not.	»
		FABRY, Baptiste.	400	97	exempté.	»	»			
		FRAYSSE, P.-G.	400	42	appelé.	803	06			
		BOUISSEL, J.-P.	400	58	appelé.	803	06			
	Villeneuve.	DAVET, Jean-Ant.	400	3	appelé.	803	06	»	»	non organisé.
	Asprières.	Néant.	»	»	»	»	»	»	»	id.
		DOMERGUE, Fr.	100	9	appelé.	201	68			
		NOEL, Jean-Jos.	100	67	exempté.	»	»			
	Aubin.	DOMERGUE, Aug.	500	53	exempté.	»	»	Marican, gref.	Maruejouls, n.	»
		ROUMIGUIÈRE, G.	400	41	appelé.	803	06			
		LABORIES, Joseph.	300	71	appelé.	604	51			
	Montbazens.	Néant.	»	»	»	»	»	»	»	non organisé.
	Najac.	id.	»	»	»	»	»	Daudibertières.	»	»
	Rieupeyroux.	id.	»	»	»	»	»	»	»	non organisé.
	Villeneuve.	id.	»	»	»	»	»	»	»	id.
B.-du-Rh.	**Marseille.**	Néant.	»	»	»	»	»	»	»	non organisé.
	Aubagne.	id.	»	»	»	»	»	»	»	id.
	La Ciotat.	id.	»	»	»	»	»	»	»	id.
		A reporter. .	73,900	»	»	82,276	49			

BOUCHES-DU-RHONE. CALVADOS.

Départements.	Canton où le Souscripteur a concouru au tirage au sort.	Noms et Prénoms des Souscripteurs.	Montant de la souscription.	N° échu au tirage au souscripteur.	Résultat des décisions du Conseil de révision touchant le souscripteur.	Somme brute revenant au Souscripteur frappé par le sort.	Noms et Qualités de MM. les Directeurs qui ont reçu la Souscription.	de MM. les Dépositaires des fonds de l'Association.	Observations.
		Report.	73,900	»	»	82,270 49	»	»	»
Bouches-du-Rhône.	Roquevaire.	Néant.	»	»	»	»	Durand, gref.	Richelme, not.	»
	Aix.	id.	»	»	»	»	»	»	non organisé.
	Berre.	id.	»	»	»	»	Roubaud, gref.	»	»
	Gardanne.	id.	»	»	»	»	»	»	non organisé.
	Istres.	id.	»	»	»	»	»	»	id.
	Lambèsc.	id.	»	»	»	»	Giraud, gref.	Estienne, not.	»
	Martigues.	id.	»	»	»	»	»	»	non organisé.
	Peyrolles.	id.	»	»	»	»	Romieux, gref.	Magnan, not.	»
	Salon.	id.	»	»	»	»	»	»	non organisé.
	Trets.	id.	»	»	»	»	»	»	id.
	Arles.	id.	»	»	»	»	Prunet, prop.	Barne, not.	»
	Château-Ren.	id.	»	»	»	»	Pètre, gref.	Chabrier, not.	»
	Eyguières.	id.	»	»	»	»	Honorat, gref.	Aubert, not.	»
	Orgon.	id.	»	»	»	»	Montagnier, id.	»	»
	Stes-Maries.	id.	»	»	»	»	Conseil, gref.	Barne, not.	»
	St-Remy.	id.	»	»	»	»	Chabanier gref.	Tessier, not.	»
	Tarascon.	id.	»	»	»	»	Roman, gref.	Rousseau, not.	»
Calvados.	Caen (ouest).	Bonneville, H. E.	500	75	exempté.	»	»	»	»
	Isigny.	Binet, Auguste.	300	81	exempté.	»	Doublet-Lafoss.	Vinebaux, not.	»
	Evrecy.	De Tournebu, F.	500	28	appelé.	997 41	»	»	»
	Bourguebus.	Néant.	»	»	»	»	»	»	non organisé.
	Creuilly.	id.	»	»	»	»	»	»	id.
	Douvres.	id.	»	»	»	»	»	»	id.
	Evrecy.	id.	»	»	»	»	»	»	id.
	Tilly-s.-Seulles.	id.	»	»	»	»	»	»	id.
	Troarn.	id.	»	»	»	»	Lechevallier, g.	Vinebaux, n.	»
	Villers-Bocage.	id.	»	»	»	»	»	»	non organisé.
	Bayeux.	id.	»	»	»	»	Distigny, nég.	»	»
	Balleroy.	Triquet, A.-D.	800	15	appelé.	1,558 64	André, gref.	Bessin, not.	»
	Caumont.	Néant.	»	»	»	»	»	»	non organisé.
	Isigny.	id.	»	»	»	»	»	»	id.
	Ryes.	id.	»	»	»	»	Caquenée, mar.	»	»
	Trevières.	id.	»	»	»	»	»	»	non organisé.
	Falaise.	id.	»	»	»	»	Legris-Desfont.	Le Chastelain.	»
	Bretteville-s-L.	id.	»	»	»	»	Postel, gref.	Carel, not.	»
	Coulibœuf.	id.	»	»	»	»	»	»	non organisé.
	Harcourt.	id.	»	»	»	»	»	»	id.
	Lisieux (2e s)	Ameline, Eugène.	400	92	exempté.	»	»	»	»
		Roque, Pierre.	600	52	exempté.	»	Perret, commis.	Daufresne, not.	»
		Lerbour, Amand.	200	46	appelé.	403 74	»	»	»
	Livarot.	Néant.	»	»	»	»	Robillard, gref.	»	»
	Mézidon.	id.	»	»	»	»	Retout, gref.	»	»
	Orbec.	Vivien, L.-F.	600	98	exempté.	»	»	»	»
		Corneville, J.-A.	100	28	exempté.	»	»	»	»
		Perrier, Gédéon.	500	86	exempté.	»	Bautier, gref.	Piel, notaire.	»
		Neuville, Jules.	800	93	exempté.	»	»	»	»
	St-Pierre-s.-D.	Néant.	»	»	»	»	»	»	non organisé.
	Pont-l'Evêq.	id.	»	»	»	»	Lemoyne vérif.	David, notaire.	»
	Blangy.	Lihard, Jacques.	300	61	exempté.	»	Brafin, gref.	David, not., à Pont-l'Evêque.	»
		Borel, Pierre.	600	52	exempté.	»	»	»	»
	Cambremer.	Néant.	»	»	»	»	»	»	non organisé.
	Dives.	id.	»	»	»	»	»	»	id.
	Honfleur.	id.	»	»	»	»	Lemoyne.	»	»
	Vire.	id.	»	»	»	»	Becherel, rent.	Huel, notaire.	»
		A reporter.	80,100	»	»	85,236 28			

CALVADOS. CANTAL. CHARENTE.

Départements.	Canton où le Souscripteur a concouru au tirage au sort.	Noms et Prénoms des Souscripteurs.	Montant de la souscription	N° échu au tirage au souscripteur.	Résultat des décisions du Conseil de révision touchant le souscripteur.	Somme brute revenant au Souscripteur frappé par le sort.		Noms et Qualités de MM. les Directeurs qui ont reçu la Souscription.	de MM. les Dépositaires des fonds de l'Association.	Observations.
Calvad.		Report. .	80,100	»	»	85,236	28	»	»	»
	Aulnay.	Néant.	»	»	»	»	»	»	»	non organisé.
	Le Beny-Bocage	id.	»	»	»	»	»	»	»	id.
	Condé-s.-Noir.	id.	»	»	»	»	»	Desmonts, gref.	»	»
	St-Sever.	id.	»	»	»	»	»	Duteil, propr.	Loysel, not.	»
	Vassy.	id.	»	»	»	»	»	Locard, gref.	Houdouard-D.	»
Cantal.	Aurillac (n.)	LABRO, Antoine.	300	38	appelé.	604	51	Cabanes, prop.	Serieys, not.	»
		COUSSIN, Antoine.	400	91	exempté.	»	»			
		PERTUS, Jean.	200	50	appelé.	403	74			
		LOURS, Guillaume.	300	74	exempté.	»	»			
	Maurs.	Néant.	»	»	»	»	»	»	»	non organisé.
	Monsalvy.	id.	»	»	»	»	»	Garrouste, gr.	Delort, not.	»
	La Roquebrou.	id.	»	»	»	»	»	»	»	non organisé.
	St-Cernin.	RAINMAC, Joseph.	300	13	appelé.	604	51	Guibert, gref.	Guibert, not.	»
		PRADAL, Pierre.	200	60	exempté.	»	»			
	Vic-sur-Cère.	LAVIALE, Jacques.	200	78	exempté.	»	»	Bertrand, géom	Bertrand, not.	»
		FAYET, Joseph.	600	112	exempté.	»	»			
	St-Mamet.	Néant.	»	»	»	»	»	»	»	non organisé.
	Mauriac.	id.	»	»	»	»	»	Rousselot, id.	Drappeau, net.	»
	Champs.	AURIEL, J.-B.	500	5	exempté.	»	»	Vidal, gref.	Trapenard, not.	»
		MONIER, Claude.	500	26	appelé.	997	41			
		PICARD, Jacques.	500	18	appelé.	997	41			
		BESSON, Jean.	500	21	appelé.	997	41			
		TISSANDIER, Ant.	500	20	appelé.	997	41			
		MOINS, Guillaume.	700	35	exempté.	»	»			
		BESSON, J.-Franç.	400	32	exempté.	»	»			
		PELEGRY, Michel.	500	25	appelé.	997	41			
		TOURNADRE, Jean.	400	28	appelé.	803	06			
		FAUCHER, Claude.	400	19	appelé.	803	06			
		ROUCHON, Jean.	100	43	exempté	»	»			
	Saignes.	ESPINASSE, A-M-J.	800	61	exempté.	»	»	»	»	»
	Pléaux.	Néant.	»	»	»	»	»	»	»	non organisé.
	Riom-ès-Mont.	CHALVIGNAC, G.	500	63	exempté.	»	»	Robin, gref.	Bergheaud, n.	»
		ROBIN, Léger-Aug.	500	10	exempté.	»	»			
		CHAUMEIL, Jean.	500	41	exempté.	»	»			
	Saignes.	Néant.	»	»	»	»	»	Rastoil, gref.	»	»
	Salers.	id.	»	»	»	»	»	Veschambes, c.	»	»
	Murat.	id.	»	»	»	»	»	»	»	non organisé.
	Allanches.	CHAUVET, Jean.	500	7	appelé.	997	41	Morinot, not. à Charmensac.	Morinot, not. à Charmensac.	»
		PAGENELLE, Ant.	400	20	appelé.	803	06			
		CHASSANG, Jean.	400	39	appelé.	803	06			
		GANET, Antoine.	400	51	exempté.	»	»			
	Marcenat.	IBRY, Guill.-Prosp.	800	66	exempté.	»	»	Fabre, gref.	Tournadre, n.	»
		MONTEIL, R.—M.	500	42	appelé.	997	41			
		FAUCHER, Jean.	300	9	exempté.	»	»			
	Saint-Flour.	Néant.	»	»	»	»	»	Malet, négoc.	»	»
	Chaudesaigues.	id.	»	»	»	»	»	»	»	non organisé.
	Massiac.	id.	»	»	»	»	»	»	»	id.
	Pierrefort.	id.	»	»	»	»	»	»	»	id.
	Ruines.	id.	»	»	»	»	»	»	»	id.
Charente.	Angoulême 1	HUBERT, Jean.	300	102	exempté.	»	»	Hérard, propr.	Mailfer, not.	»
		GAULIEU, S.—A.	400	45	appelé.	803	06			
	Angoulême 2.	POUSSARD, Claude.	600	204	exempté.	»	»			
	Blanzac.	Néant.	»	»	»	»	»	Rambaud, gref.	Chertier, not.	»
		A reporter. .	94,500	»	»	97,846	21			

CHARENTE.

DÉPARTEMENTS.	CANTON où le Souscripteur a concouru au tirage au sort.	NOMS et PRÉNOMS des SOUSCRIPTEURS.	Montant de la souscription.	N° échu au tirage au souscripteur.	Résultat des décisions du Conseil de révision touchant le souscripteur.	SOMME brute revenant au Souscripteur frappé par le sort.		NOMS ET QUALITÉS de MM. les Directeurs qui ont reçu la Souscription.	de MM. les Dépositaires des fonds de l'Association.	Observations.
Charente.		Report.	94,500	»	»	97,846	21	»	»	»
	Hiersac.	Néant.	»	»	»	»	»	»	»	non organisé.
	Montbron.	id.	»	»	»	»	»	»	»	id.
	La Rochefouc.	id.	»	»	»	»	»	»	»	id.
	Rouillac.	id.	»	»	»	»	»	»	»	id.
	St-Amand-de-B.	id.	»	»	»	»	»	»	»	id.
	La Valette.	id.	»	»	»	»	»	»	»	id.
	Barbezieux.	GUINEFOLLEAU, J.	300	64	appelé.	604	51	Bouyer, secr. à Barbezieux.	Poinceau, not. à Barbezieux.	»
	Baignes.	LANÉRIÈRE, Franç.	500	3	appelé.	997	41			
		TARRONDEAU, L.	600	71	exempté.	»	»			
	Aubeterre.	DARLOT, Léonard.	600	56	appelé.	1,558	64	Masquet, gref. à Montmoreau.	Dujarric, not.	»
		DOURNOIS, Pierre.	500	47	appelé.	997	41			
		TERRADE, Pierre.	400	20	exempté.	»	»			
	Baignes.	FALBET, P.-B.	500	57	appelé.	997	41	Augereau, gref.	«	»
	Brossac.	Néant.	»	»	»	»	»	Masquet, gref.	«	»
	Chalais.	id.	»	»	»	»	»	Lavaud, not.	Lavaud, not.	»
	Montmoreau.	BOUILLON, Ant.	400	72	exempté.	»	»			
		PETIT, Jean.	300	80	exempté.	»	»			
		CHIRON, Jean-Just.	600	96	exempté.	»	»			
		FERLAND, Pierre.	500	44	appelé.	997	41	Masquet, gref.	Senemaud, not.	»
		MATRAT, Pierre.	300	97	exempté.	»	»			
		VIENT, Jean.	200	58	appelé.	403	74			
	Cognac.	MESNIER, Jean.	200	94	appelé.	403	74	Plumejeau, sec.	»	»
		FOURNIER, Pierre.	300	88	exempté.	»	»			
	Châteauneuf.	DOUSSAINT, Pierre.	200	11	appelé.	403	74	Tiffon, huiss. à Châteauneuf.	Richard, not. à Châteauneuf.	»
		ROY, Jacques.	300	47	appelé.	604	51			
	Hiersac.	CORNIBERT, Jos.	500	24	exempté.	»	»			
	Jarnac.	Néant.	»	»	»	»	»	»	»	non organisé.
	Segonzae.	CARTRON, Jean.	400	22	appelé.	803	06			
		ROY, Pierre.	400	100	exempté.	»	»			
		SABOURAUD, J.	300	99	exempté.	»	»			
		PENOT, Jean.	400	59	appelé.	803	06			
		GADRAS, Louis.	400	65	exempté.	»	»			
		GARNIER, Jean.	400	75	exempté.	»	»	Lesourd, huiss. à Segonzac.	Martin, not. à Segonzac.	»
		BALLET, Pierre.	1000	108	exempté.	»	»			
		POUPARD, Joseph.	400	98	exempté.	»	»			
		FRIN, François.	200	104	exempté.	»	»			
		RUTELIER, Pierre.	200	109	exempté.	»	»			
		PHELIPPON, Jean.	400	61	appelé.	803	06			
		CHAILLOT, Jean.	400	6	appelé.	803	06			
	Châteauneuf.	FILHON, Antoine.	400	63	exempté.	»	»			
		GADRAS, Maine.	400	16	appelé-	803	06			
	Jarnac.	THOMAS, E.-L.	400	15	appelé.	803	06			
	Gonfolens (s)	BOURDIER, M.	600	71	exempté.	»	»	Dumonteil, sec.	Martin, not.	»
	Chabanais.	Néant.	»	»	»	»	»	»	»	non organisé.
	Champagne–M.	id.	»	»	»	»	»	»	»	id.
	Montambœuf.	id.	»	»	»	»	»	Vallantin, gref.	Blanchard, not.	»
	St-Claud.	id.	»	»	»	»	»	»	»	non organisé.
	Ruffec.	id.	»	»	»	»	»	Bruslon, not.	Bruslon, not.	».
	Aigre.	id.	»	»	»	»	»	Bruneau, gref.	»	»
	Mansle.	ALBERT, Louis.	400	64	appelé.	803	06			
		CHADOUTEAU, J.-J.	400	96	appelé.	803	06			
		COMBAUD, Louis.	100	6	appelé.	201	68	Daigre, huis.	Greau, not.	»
		GIBERTEAU, P.	100	7	exempté.	»	»			
		TESTAUD, Pierre.	400	34	appelé.	803	06			
		COUTAND, Franç.	200	32	exempté.	»	»			
		A reporter.	110,200	»	»	113,243	95			

CHARENTE. CHARENTE-INFÉRIEURE.

DÉPARTEMENTS.	CANTON où le Souscripteur a concouru au tirage au sort.	NOMS et PRÉNOMS des SOUSCRIPTEURS.	Montant de la souscription.	N° échu au tirage au souscripteur.	Résultat des décisions du Conseil de révision touchant le souscripteur.	SOMME brute revenant au Souscripteur frappé par le sort.		NOMS ET QUALITÉS de MM. les Directeurs qui ont reçu la Souscription.	de MM. les Dépositaires des fonds de l'Association.	Observations.
		Report.	110,200	»	»	113,243	95	»	»	»
Charente.	Mansle.	Perroy, Louis.	300	77	exempté.	»	»	Daigre, huiss.	Gréau, not.	»
		Bouchaud, Pierre.	300	90	exempté.	»	»			
		Testaud, Pierre.	200	34	appelé.	403	74			
		Hugon, Léger.	100	78	exempté.	»	»			
	Mansle.	Peron, Pierre.	100	5	appelé.	201	68	Paintaud, gref.	Gréau, not.	»
		Lerme, Jean.	400	79	appelé.	803	06			
		Labrousse, Jean.	400	39	appelé.	803	06			
		Paziot, Pierre-Fr.	600	59	appelé.	1,178	47			
	Villefagnan.	Néant.	»	»	»	»	»	»	»	non organisé.
Charente-Inférieure.	La Rochelle (ouest).	Pellereau, L.-E.	500	65	exempté.	»	»	Huet, négoc,	Morin, not.	»
		Bernard, P.-A.-F.	300	63	exempté.	»	»			
	Ars.	Loiseau, Etienne.	100	30	appelé.	201	68	Roullet, gref.	Finot, notaire.	»
		Robert, Pierre.	300	26	appelé.	604	51			
		Lagord, Pierre.	300	11	appelé.	604	51			
		Chabot, Jean.	300	9	appelé.	604	51			
		Brunet, George.	200	5	appelé.	403	74			
		Bernicard, Jos.	200	58	exempté.	»	»			
		Furchet, Pierre.	300	36	exempté.	»	»			
		Pentecote, Louis.	100	28	appelé.	201	68			
	Courçon.	Néant.	»	»	»	»	»	Audry, prop.	»	»
	La Jarrie.	id.	»	»	»	»	»	Barbet, propr.	Savineau, not.	»
	Marans.	id.	»	»	»	»	»	»	»	non organisé.
	St-Martin.	id.	»	»	»	»	»	»	»	id.
	Jonzac.	id.	»	»	»	»	»	Gailliard, gref.	Labruyère, not.	»
	Archiac.	id.	»	»	»	»	»	Crepin, gref.	Derussy, not.	»
	Mirambeau.	id.	»	»	»	»	»	»	»	non organisé.
	Montendre.	id.	»	»	»	»	»	»	»	id.
	Montguyon.	id.	»	»	»	»	»	»	»	id.
	Montlieu.	Nezereau, Jean.	100	21	appelé.	201	68	Phélipon, gref. à Montlieu.	Rougier, not. à Montlieu.	»
		Massé, Jean.	100	34	exempté.	»	»			
		Souef, Pierre.	400	69	exempté.	»	»			
		Texier, Pierre.	100	5	appelé.	201	68			
		Moreau, Charles.	400	76	exempté.	»	»			
	Montendre.	Horteau, Jean.	100	49	appelé.	201	68			
		Laroche, Pierre.	200	79	exempté.	»	»			
	Montguyon.	Metreau, Gabriel.	500	4	exempté.	»	«			
		Roy, Pierre.	200	20	appelé.	403	74			
	St-Genis.	Néant.	»	»	»	»	»	»	»	non organisé.
	Marennes.	Morandeau, Gab.	600	64	appelé.	1,178	47	Vacherie, gref.	»	»
	Château-d'Ol.	Néant.	»	»	»	»	»	»	»	non organisé.
	St-Agnant.	id.	»	»	»	»	»	»	»	id
	St-Pierre-d'Ol.	id.	»	»	»	»	»	»	»	id.
	La Tremblade.	Valenton, C.-A.	800	61	exempté.	»	»	Rivière, gref.	Pougnard, not.	»
		Gatineau, B.-E.	600	1	exempté.	»	»			
		Allain, Jean.	500	32	appelé.	997	41			
	Royan.	Néant.	»	»	»	»	»	»	»	non organisé.
	Rochefort.	id.	»	»	»	»	»	Fleury, secrét.	Ayraud, not.	»
	Aigrefeuille.	Salmon, A.-B.	600	33	appelé.	1,178	47	Mestayer, com.	Lambert, not.	»
	Surgères.	Néant.	»	»	»	»	»	De Brecey, sec.	»	»
	Tonnay-Char.	id.	»	»	»	»	»	»	»	non organisé.
	Saintes.	id.	»	»	»	»	»	Levesquot, sec.	»	»
	Burie.	id.	»	»	»	»	»	»	»	non organisé.
	Cozes.	id.	»	»	»	»	»	»	»	id.
	Gemozac.	id.	»	»	»	»	»	»	»	id.
		A reporter.	120,400	»	»	123,617	72			

CHARENTE-INFÉRIEURE. CHER. CORRÈZE.

Départements.	Canton où le Souscripteur a concouru au tirage au sort.	Noms et Prénoms des Souscripteurs.	Montant de la souscription.	Nº échu au tirage au souscripteur.	Résultat des décisions du Conseil de révision touchant le souscripteur.	Somme brute revenant au Souscripteur frappé par le sort.		Noms et qualités de MM. les Directeurs qui ont reçu la Souscription.	Noms et qualités de MM. les Dépositaires des fonds de l'Association.	Observations.
		Report.	120,400	»	»	123,617	72	»	»	»
Charente-Infér.	Pons.	Néant.	»	»	»	»	»	»	»	»
	St-Porchaire.	id.	»	»	»	»	»	Jarry, gref.	Goguet, not.	»
	Saujon.	id.	»	»	»	»	»	»	»	non organisé.
	Saint-Jean-d'Angely.	Guiberteau, E.	600	18	exempté.	»	»			id.
		Merzeau, Joseph.	400	135	exempté.	»	»	Bérard, propr.	Marchand, not.	»
		Reigner, Auguste.	400	1	exempté.	»	»			
	Aulnay.	Néant.	»	»	»	»	»	Corbineau, gr.	Faure, notaire.	»
	Loulay.	id.	»	»	»	»	»	Girard, gref.	Bareau, not.	»
	Matha.	id.	»	»	»	»	»	»	»	»
	St-Hilaire.	id.	»	»	»	»	»	»	»	non organisé.
	St-Savinien.	Guillot, Joseph.	400	78	exempté.	»	»	Ravaud, secrét.	Jean, notaire.	id.
	Tonnay-Bout.	Néant.	»	»	»	»	»	»	»	non organisé.
Cher.	Bourges.	Néant.	»	»	»	»	»	»	»	non organisé.
	Les Aix-d'Ang.	Redout, Silvain.	300	39	exempté.	»	»			»
		Touraton, J.-B.	500	74	exempté.	»	»	Lafoy, huissier.	Auclert, not.	
		Fougères, Jean.	300	2	appelé.	604	51			
	Baugy.	Néant.	»	»	»	»	»	»	»	non organisé.
	Charost.	id.	»	»	»	»	»	»	»	id.
	Graçay.	id.	»	»	»	»	»	»	»	»
	Levet.	id.	»	»	»	»	»	Martin, percep.	»	»
	Lury.	id.	»	»	»	»	»	»	»	non organisé.
	Mehun.	id.	»	»	»	»	»	Noblet, gref.	»	id.
	St-Martin-d'A.	id.	»	»	»	»	»	»	»	»
	Vierzon.	id.	»	»	»	»	»	Soupiron, déf.	»	non organisé.
	St.-Amand.	id.	»	»	»	»	»	Pelletier, clerc.	Legrand, not.	»
	Charenton.	id.	»	»	»	»	»	»	»	non organisé.
	Chateaumeillant	Peronnet, Gilb.	400	9	appelé.	803	06			»
		Laborde, Léonard.	400	73	exempté.	»	»	Perrot, gref.	Bouyonnet, n.	
	Châteauneuf.	Néant.	»	»	»	»	»	Lionnet, gref.	»	»
	Le Châtelet.	id.	»	»	»	»	»	»	»	non organisé.
	Dun-le-Roi.	id.	»	»	»	»	»	Bidault, gref.	»	»
	La Guerche.	id.	»	»	»	»	»	»	»	non organisé.
	Lignières.	Pigeat, J.-A.	500	51	appelé.	997	41	Ruby, greffier.	Aubert, not.	»
	Nérondes.	Néant.	»	»	»	»	»	Rolland, secrét.	»	»
	Sancoins.	id.	»	»	»	»	»	»	»	non organisé.
	Saulzais-le-Pot.	id.	»	»	»	»	»	Lamodière, h.	»	»
	Sancerre.	Gaucher, Etienne.	300	2	appelé.	604	51	Jolivet, perc.	Clerault, not.	»
	Argent.	Néant.	»	»	»	»	»	Jordanis, huis.	»	»
	Aubigny.	id.	»	»	»	»	»	»	»	non organisé.
	La Chapelle.	id.	»	»	»	»	»	Joffard, propr.	»	»
	Henrichemont.	id.	»	»	»	»	»	»	»	non organisé.
	Leré.	id.	»	»	»	»	»	»	»	id.
	Sancergues.	id.	»	»	»	»	»	Bidault, gref.	»	»
	Vailly.	id.	»	»	»	»	»	»	»	non organisé.
Corrèze.	Tulle.	Néant.	»	»	»	»	»	»	»	non organisé.
	Argentat.	Estrade, Jean.	600	83	appelé.	1,178	47			
		Chtèze, Louis.	400	87	appelé.	803	06			
		Dernist, Antoine.	500	43	appelé.	997	41	De Soulages, p.	Vachal, not.	»
		Hospital, Pierre.	500	132	exempté.	»	»			
		Gardille, Ant.	200	89	appelé.	403	74			
	Corrèze.	Néant.	»	»	»	»	»	»	»	non organisé.
	Egletons.	id.	»	»	»	»	»	»	»	id.
	Mercœur.	id.	»	»	»	»	»	»	»	id.
		A reporter.	127,100	»	»	130,009	89			

CORRÈZE.

DÉPARTEMENTS.	CANTON où le Souscripteur a concouru au tirage au sort.	NOMS et PRÉNOMS des SOUSCRIPTEURS	Montant de la souscription.	Nº échu au tirage au souscripteur.	Résultat des décisions du Conseil de révision touchant le Souscripteur.	SOMME brute revenant au Souscripteur frappé par le sort.		NOMS ET QUALITÉS de MM. les Directeurs qui ont reçu la Souscription.	de MM. les Dépositaires des fonds de l'Association.	Observations.
		Report.	127,100	»	»	130,009	89	»	«	»
		Four, Antoine.	500	31	appelé.	997	41			
		Jarrige, Antoine.	500	63	appelé.	997	41			
	La Pleau.	Jarrige, J.-J.	200	64	exempté.	»	»	Renaudie, gr.	Renaudie.	»
		Froumajoux, L.	500	50	appelé.	997	41			
		Vachal, Jean.	300	70	exempté.	»	»			
	La Roche.	Néant.	»	»	»	»	»	»	»	non organisé.
	Seilhac.	id.	»	»	»	»	»	»	»	id.
		Fraissinet, Franç.	500	27	exempté.	»	»			
	Servières.	Terrade, Joseph.	300	48	appelé.	604	51	Tronche, gref.	Puex, notaire.	»
		Rougier, Joseph.	400	53	appelé.	803	06			
		Rieux, François.	300	58	appelé.	604	51			
	Treignac.	Néant.	»	»	»	»	»	»	»	non organisé.
	Uzerches.	Labrot, Pierre.	800	57	appelé.	1,558	64	Jéréthie, gref.	»	»
		Lafarge, Antoine.	300	5	appelé.	604	51			
		Taussat, Léon.	100	37	exempté.	»	»			
Corrèze.	**Brives.**	Refoubelet, P.	300	69	appelé.	604	51	Segurel, secrétaire de la mairie.	Lacoste, not.	»
		Bussieras, G.	600	54	appelé.	1,178	47			
	Larche.	Vezine, Pierre.	500	65	exempté.	»	»			
		Soulier, Etienne.	300	58	appelé.	604	51			
	Donzenac.	Vintejoux, F.	300	1	appelé.	604	51			
	Ayen.	Néant.	»	»	»	»	»	»	»	non organisé.
	Beaulieu.	id.	»	»	»	»	»	»	»	id.
	Beynat.	Bedoch, Antoine.	500	10	appelé.	997	41	Sol, secrétaire de la mairie.	Dussol, not.	»
		Exguière, Gasp.	500	33	appelé.	997	41			
	Donzenac.	Néant.	»	»	»	»	»	Alègre, gref.	»	»
	Juillac.	id.	»	»	»	»	»	Ligeoix, gref. Dommain, m.	Gouvon, not.	»
	Larche.	id.	»	»	»	»	»	»	»	non organisé.
		Rainaud, Barthel.	600	72	appelé.	1,178	47			
		Faure, Pierre.	600	83	appelé.	1,178	47			
		Siauve, Jean.	500	7	exempté.	»	»			
		Queyraud, A.	600	37	appelé.	1,178	47			
	Lubersac.	Nouailles, Fr.	500	31	appelé.	997	41	Debernard, percepteur.	Deschamps, u.	»
		Laspoussas, Jean.	500	24	appelé.	997	41			
		Malaval, Jean.	500	92	exempté.	»	»			
		Guillon, Franç.	400	99	exempté.	»	»			
		Sageaux, Jean.	500	17	appelé.	997	41			
	Meyssac.	Néant.	»	»	»	»	»	»	»	non organisé.
	Vigeois.	id.	»	»	»	»	»	»	»	id.
	Ussel.	id.	»	»	»	»	»	»	»	id.
		Eyzat, François.	300	30	exempté.	»	»			
		Couderc, Gabriel.	200	21	exempté.	»	»			
	Bort.	Dauphin, Michel.	200	92	exempté.	»	»	Basset, greffier.	Barbat-Duclozel, notaire.	»
		Decelle, Victor.	200	88	exempté.	»	»			
		Gatiniol, Léger.	300	50	appelé.	604	51			
	Bugeat.	Peyrat, Barthél.	200	25	appelé.	403	74	Broussouloux.	»	»
	Eygurande.	Néant.	»	»	»	»	»	»	»	non organisé.
		Madesclaire, A.	400	6	appelé.	803	06			
		Farges, François.	400	72	exempté.	»	»			
	Meymac.	Variéras, Jean.	200	51	appelé.	403	74	Broussouloux, greffier.	Broussouloux.	»
		Rougerie, L.	300	85	appelé.	604	51			
		Troubat, Pierre.	200	98	exempté.	»	»			
		Borie, Jean.	300	24	appelé.	604	51			
	Neuvic.	Mourniac, Jean.	200	51	exempté.	»	»	Veilhan, gref.	Delestable, not.	»
		Vervialle, Jean.	300	22	appelé.	604	51			
		A reporter.	143,200	»	»	152,720	39			

CORRÈZE. CORSE.

Départements.	Canton où le Souscripteur a concouru au tirage au sort.	Noms et Prénoms des Souscripteurs.	Montant de la souscription.	N° échu au tirage au souscripteur.	Résultat des décisions du Conseil de révision touchant le Souscripteur.	Somme brute revenant au Souscripteur frappé par le sort.		Noms et qualités de MM. les Directeurs qui ont reçu la Souscription.	de MM. les Dépositaires des fonds de l'Association.	Observations.
		Report.	143,200	»	»	152,720	39	»	»	»
Corrèze.	Neuvic.	Cournelion, Ant.	200	69	appelé.	403	74	Veilhan, gref.	Delestable, n.	»
		Laussine, Antoine.	200	60	exempté.	»	»			
		Chabrat, Jean.	100	84	exempté.	»	»			
		Besse, Jean.	100	54	appelé.	201	68			
		Bachellerie, L.	100	6	appelé.	201	68			
		Maurianges, A.	300	33	appelé.	604	51			
		Choustras, Ant.	200	5	appelé.	403	74			
		Vervialle, Ant.	100	1	appelé.	201	68			
		Vincent, Jacques.	100	7	exempté.	»	»			
		Zacarie.	100	72	exempté.	»	»			
		Duvert, Antoine.	100	25	appelé.	201	68			
	Sornac.	Néant.	»	»	»	»	»	»	»	non organisé.
Corse.	Ajaccio.	Néant.	»	»	»	»	»	Bosc, secrét.	»	»
	Bastelica.	id.	»	»	»	»	»	Rossi, médecin.	»	»
	Bocognano.	id.	»	»	»	»	»	Pelliccini instit.	»	»
	Evisa.	id.	»	»	»	»	»	Nesa, g. à Vico.	»	»
	Piana.	id.	»	»	»	»	»	Nesa, greffier.	»	»
	Sainte-Marie.	id.	»	»	»	»	»	»	»	non organisé.
	Salice.	id.	»	»	»	»	»	Nesa, g. à Vico.	»	»
	Sary.	id.	»	»	»	»	»	Stefani, instit.	»	»
	Sarrola.	id.	»	»	»	»	»	Posati, ex-inst.	»	»
	Soccia.	id.	»	»	»	»	»	Nesa, g. à Vico.	»	»
	Vico.	id.	»	»	»	»	»	Nesa, greffier.	»	»
	Zicavo.	id.	»	»	»	»	»	»	»	non organisé.
	Bastia.	id.	»	»	»	»	»	Dauphin, not.	Seatelli, not.	»
	Borgo.	id.	»	»	»	»	»	Sapia, à Bastia.	Saturni, not.	»
	Brando.	id.	»	»	»	»	»	»	»	non organisé.
	Campile.	id.	»	»	»	»	»	Mariotti, gref.	»	»
	Campitello.	id.	»	»	»	»	»	Sapia, à Bastia.	Matcy, notaire.	»
	Cervione.	id.	»	»	»	»	»	«	»	non organisé.
	Lama.	id.	»	»	»	»	»	Beveraggi, gr.	»	»
	Luri.	id.	»	»	»	»	»	Morelli, gref.	»	»
	Oletta.	Poggi, P.-M.	400	1	appelé.	803	06	Sapia, à Bastia.	Thomassi, not. à Murato.	»
	Murato.	Rutali, Mathieu.	200	6	appelé.	403	74			»
	Nonza.	Néant.	»	»	»	»	»	»	»	non organisé.
	Oleta.	id.	»	»	»	»	»	Turic, supplé.	Gay, notaire.	»
	Pero.	id.	»	»	»	»	»	Sapia, à Bastia.	»	»
	La Porta.	id.	»	»	»	»	»	Sapia, à Bastia.	»	»
	Rogliano.	id.	»	»	»	»	»	»	»	non organisé.
	Saint-Florent.	id.	»	»	»	»	»	»	»	id.
	S.-Martino-dil.	id.	»	»	»	»	»	»	»	id.
	San-Nicolao.	id.	»	»	»	»	»	Velutini, gref.	»	»
	S.-Pietro-di-T.	id.	»	»	»	»	»	»	»	non organisé.
	La Porta.	Franzini, P.	100	63	exempté.	»	»	Sapia, à Bastia.	Saturni, notaire à Lucciana. Sapia, notaire à Bastia.	»
		Natali, C.-L.	400	47	exempté.	»	»			
		Nicolay, P.-F.	300	21	appelé.	604	51			
	Borgo.	Mattei, J.-N.	100	10	exempté.	»	»			
		Franceschi, S.-J.	200	3	appelé.	403	74			
		Mariotti, L.-P.	400	23	exempté.	»	»			
		Franceschi, S. J.	100	3	appelé.	201	68			
	Sanmartino.	Casanova, Jean.	600	2	appelé.	1,178	47			
		Simoni, P.-T.	600	1	exempté.	»	»			
	Brando.	Morganti, Pierre.	400	3	appelé.	803	06	Sapia Gaetan.	»	»
	Calvi.	Néant.	»	»	»	»	»	»	»	non organisé.
		A reporter.	148,600	»	»	159,337	36			

CORSE. COTE-D'OR.

DÉPARTEMENTS.	CANTON où le Souscripteur a concouru au tirage au sort.	NOMS et PRÉNOMS des SOUSCRIPTEURS.	Montant de la souscription.	N° échu au tirage au souscripteur.	Résultat des décisions du Conseil de révision touchant le Souscripteur.	SOMME brute revenant au Souscripteur frappé par le sort.		NOMS ET QUALITÉS de MM. les Directeurs qui ont reçu la souscription.	de MM. les Dépositaires des fonds de l'Association.	Observations.
		Report. .	148,600	»	»	159,337	36	»	»	»
Corse.	Algajola.	Néant.	»	»	»	»	»	»	»	non organisé.
	Belgodère.	VINCENTELLI, F.	300	19	exempté.	»	»	Marchesi, gref.	Quercioli, not.	»
	Calenzala.	Néant.	»	»	»	»	»	»	»	non organisé.
	L'Isle-Rousse.	Rossi, Dominique.	200	12	appelé.	403	74	Battestini, gref.	»	»
		FRANCESCHINI, A.	400	1	appelé.	803	06			
	Olmi-e-Capella.	Néant.	»	»	»	»	»	Casanova, gr.	Colombani, n.	»
	Corte.	id.	»	»	»	»	»	»	»	non organisé.
	Calacuccia.	id.	»	»	»	»	»	»	»	id.
	Castifao.	id.	»	»	»	»	»	»	»	id.
	Moita.	id.	»	»	»	»	»	Orsini, greffier.	Moretti, not.	»
	Morosaglia	MORACCHINI, C.-F.	500	14	appelé.	997	41	Sapia, à Bastia.	»	»
	San Laurenzo.	CICCOLI, P.-S.	500	25	exempté.	»	»			
	Omessa.	Néant.	»	»	»	»	»	»	»	non organisé.
	Piedicorte.	id.	»	»	»	»	»	Tristans, gref.	Gabrielli, not.	»
	Piedicroce.	id.	»	»	»	»	»	Sapia, à Bastia.	»	»
	Pietra de Verde.	id.	»	»	»	»	»	»	»	non organisé.
	Prunelli-di-Fiu.	id.	»	»	»	»	»	»	»	id.
	San-Laurenzo.	id.	»	»	»	»	»	Leschi, com. g.	Fattacini, not.	»
	Sermano.	id.	»	»	»	»	»	Raffaelli, gref.	»	»
	Seraggio.	id.	»	»	»	»	»	»	»	non organisé.
	Valle d'Alezani.	id.	»	»	»	»	»	»	»	id.
	Vezzani.	id.	»	»	»	»	»	»	»	id.
	Sartène.	id.	»	»	»	»	»	Pietri fils. prop.	»	»
	Bonifacio.	PIRAS, Jules.	200	21	exempté.	»	»	Costa, greffier.	Portafax, not.	»
	Levie.	Néant.	»	»	»	»	»	Ortoli, greffier.	Ortoli, notaire.	»
	Olmetto.	id.	»	»	»	»	»	Pianelli, gref.	Pianelli, not.	»
	Petreto.	id.	»	»	»	»	»	Franchi, gref.	Istria, notaire.	»
	Porto-Vecchio.	id.	»	»	»	»	»	»	»	non organisé.
	Ste-Lucie-Dit.	id.	»	»	»	»	»	Ortoli, greffier.	Ortoli, notaire.	»
	Serra-de-Scop.	id.	»	»	»	»	»	Ortoli, greffier.	Ortoli, notaire.	»
Côte-d'Or.	**Dijon.**	Néant.	»	»	»	»	»	»	»	non organisé.
	Auxonne.	LASSAGNE, Pierre.	100	9	appelé.	201	68	Noblet, secrét. de la mairie.	Garnier, not.	»
		MERME, Alexand.	300	109	exempté.	»	»			
		MARÉCHAL, C.	100	102	exempté.	»	»			
	Fontaine-Fran.	Néant.	»	»	»	»	»	»	»	non organisé.
	Genlis.	id.	»	»	»	»	»	Tourey, gref.	Mairet, notaire.	»
	Gevray.	id.	»	»	»	»	»	»	»	non organisé.
	Grancey.	id.	»	»	»	»	»	»	»	id.
	Is-sur-Tille.	id.	»	»	»	»	»	Jobard, gref.	»	»
	Mirebeau.	id.	»	»	»	»	»	»	»	non organisé.
	Pontaillier.	id.	»	»	»	»	»	Boulée, gref.	»	»
	Saint-Seine.	id.	»	»	»	»	»	»	»	non organisé.
	Selongey.	id.	»	»	»	»	»	»	»	id.
	Sombernon.	id.	»	»	»	»	»	»	»	id.
	Beaune.	id.	»	»	»	»	»	Demousset-Ruz	»	»
	Arnay.	id.	»	»	»	»	»	»	»	non organisé.
	Bligny.	id.	»	»	»	»	»	»	»	id.
	Liernais.	id.	»	»	»	»	»	»	»	id.
	Nolay.	id.	»	»	»	»	»	»	»	id.
	Nuits.	AMIOT, François.	300	52	exempté.	»	»	Jacquinot, sec.	Coirier, not.	»
	Pouilly.	Néant.	»	»	»	»	»	»	»	non organisé.
	S.-Jean-de-l'O.	id.	»	»	»	»	»	»	»	id.
	Seurre.	id.	»	»	»	»	»	»	»	id.
	Châtillon.	id.	»	»	»	»	»	»	»	id.
		A reporter. .	151,500	»	»	161,743	25			

3

CÔTE-D'OR. CÔTES-DU-NORD.

Départements.	Canton où le Souscripteur a concouru au tirage au sort.	Noms et prénoms des Souscripteurs.	Montant de la souscription.	N° échu au tirage au souscripteur.	Résultat des décisions du Conseil de révision touchant le Souscripteur.	Somme brute revenant au Souscripteur frappé par le sort.		Noms et qualités de MM. les Directeurs qui ont reçu la souscription.	Noms et qualités de MM. les Dépositaires des fonds de l'Association.	Observations.
		Report.	151,500	»	»	161,743	25	»	»	»
Côte-d'Or.	Aignay.	Néant.	»	»	»	»	»	Roger, com. g.	»	»
	Baigneux-les-J.	id.	»	»	»	»	»	Girardot, gref.	Moreau, not.	»
	Laignes.	id.	»	»	»	»	»	»	»	non organisé.
	Montigny-s-A.	id.	»	»	»	»	»	»	»	id.
	Recey-s-Ource.	id.	»	»	»	»	»	Seurot, gref.	»	»
	Semur.	id.	»	»	»	»	»	»	»	non organisé.
	Flavigny.	Boccard, Louis.	700	37	exempté.	»	»	Guillot, gref.	Garreau, not.	»
	Montbard.	Benoit, Simon.	100	5	appelé.	201	68	Goullier-Rém.	»	»
	Précy-s-Th.	Néant.	»	»	»	»	»	Odobé, gref.	»	»
	Saulieu.	id.	»	»	»	»	»	»	»	non organisé.
	Vitteaux.	id.	»	»	»	»	»	»	»	id.
Côtes-du-Nord.	**St.-Brieuc.**	Néant.	»	»	»	»	»	»	»	non organisé.
	Chatelaudren.	id.	»	»	»	»	»	»	»	id.
	Etables.	id.	»	»	»	»	»	»	»	id.
	Lamballe.	id.	»	»	»	»	»	»	»	id.
	Lanvollon.	Le Floch, F.-M.	100	27	appelé.	201	68	Lostic, gref.	Thierry, not.	»
	Moncontour.	Néant.	»	»	»	»	»	»	»	non organisé.
	Paimpol.	id.	»	»	»	»	»	Legoff, gref.	Ruellan, not.	»
	Pleneuf.	id.	»	»	»	»	»	»	»	non organisé.
	Plœuc.	id.	»	»	»	»	»	Allo, maire.	Radenac, not.	»
	Plouha.	id.	»	»	»	»	»	»	»	non organisé.
	Quintin.	id.	»	»	»	»	»	»	»	id.
	Dinan.	id.	»	»	»	»	»	Le Branchu, av.	Prigent notaire.	»
	Broons.	id.	»	»	»	»	»	»	»	non organisé.
	Evran.	id.	»	»	»	»	»	»	»	id.
	Matignon.	id.	»	»	»	»	»	»	»	id.
	Plancoet.	id.	»	»	»	»	»	»	»	id.
	Plélan.	id.	»	»	»	»	»	»	»	id.
	Ploubalay.	id.	»	»	»	»	»	Even, greffier.	Homery, not.	»
	S-Jouan de Lisle	id.	»	»	»	»	»	} Lehodey, géom {	Robert, not. à St.-Jouan.	»
	S-Malo (Manch)	Lacoley, Vict.-R.	400	55	exempté.	»	»			»
	Jugon.	Néant.	»	»	»	»	»	»	»	non organisé.
	Guingamp.	id.	»	»	»	»	»	»	»	id.
	Begard.	id.	»	»	»	»	»	»	»	id.
	Belle-Isle.	id.	»	»	»	»	»	»	»	id.
	Bourbriac.	id.	»	»	»	»	»	»	»	id.
	Callac.	id.	»	»	»	»	»	»	»	id.
	Mael-Carhais.	id.	»	»	»	»	»	»	»	id.
	Plouagat.	id.	»	»	»	»	»	»	»	id.
	Pontrieux.	id.	»	»	»	»	»	»	»	id.
	Rostrenem.	id.	»	»	»	»	»	»	»	id.
	S-Nicolas du P.	id.	»	»	»	»	»	»	»	id.
	Lannion.	id.	»	»	»	»	»	Marzin, secrét.	»	»
	Lezardrieux.	id.	»	»	»	»	»	»	»	non organisé.
	Perros.	id.	»	»	»	»	»	»	»	id.
	Plestin.	id.	»	»	»	»	»	»	»	id.
	Plouaret.	id.	»	»	»	»	»	»	»	id.
	Perros.	Le Perff, Phil.	100	5	appelé.	201	68	} Guyomard, sec. de la mairie	Guyomard, n.	»
	Treguier.	Potin, J.-L.	100	107	exempté.	»	»		Guyomard, n.	»
	Roche-Derrien.	Néant.	»	»	»	»	»	Guyomard. sec.	»	»
	Tréguier.	id.	»	»	»	»	»	»	»	non organisé.
	Loudéac.	id.	»	»	»	»	»	»	»	id.
	Colinée.	id.	»	»	»	»	»	»	»	id.
	Corlay.	id.	»	»	»	»	»	»	»	id.
		A reporter.	153,000	»	»	162,348	29			

COTES-DU-NORD. CREUSE. DORDOGNE.

Départements.	Canton où le Souscripteur a concouru au tirage au sort.	Noms et Prénoms des Souscripteurs.	Montant de la souscription.	N° échu au tirage au Souscripteur.	Résultat des décisions du Conseil de révision touchant le Souscripteur.	Somme brute revenant au Souscripteur frappé par le sort.		Noms et Qualités de MM. les Directeurs qui ont reçu la souscription.	Noms et Qualités de MM. les Dépositaires des fonds de l'Association.	Observations.
		Report.	153.000	»	»	162,348	29	»	»	»
Côtes-du-N.	Goaree.	Néant.	»	»	»	»	»	»	»	non organisé.
	La Chèze.	id.	»	»	»	»	»	»	»	id.
	Merdrignac.	id.	»	»	»	»	»	»	»	id.
	Mur.	id.	»	»	»	»	»	»	»	id.
	Plouguenast.	id.	»	»	»	»	»	»	»	id.
	Uzel.	id.	»	»	»	»	»	»	»	id.
Creuse.	Guéret.	Néant.	»	»	»	»	»	»	»	non organisé.
	Ahun.	id.	»	»	»	»	»	»	»	id.
	Bonnat.	id.	»	»	»	»	»	Bruneaux, gref.	Peyrot, not.	»
	Dun.	id.	»	»	»	»	»	»	»	non organisé.
	Grandbourg.	id.	»	»	»	»	»	Perrot, gref.	»	»
	La Souterraine.	id.	»	»	»	»	»	»	»	non organisé.
	St-Vaury.	id.	»	»	»	»	»	Loriol, percep.	»	»
	Aubusson.	id.	»	»	»	»	»	»	»	non organisé.
	Auzances.	id.	»	»	»	»	»	»	»	id.
	Bellegarde.	Queyrets, Pierre.	300	63	exempté.	»	»	Boudet, secrét.	Boudet, dépos.	»
	Chénérailles.	Néant.	»	»	»	»	»	»	»	non organisé.
	La Courtine.	id.	»	»	»	»	»	»	»	id.
	Crocq.	Deschamps, L.	100	114	exempté.	»	»	Pélissier, gref.	Charles, not.	»
	Evaux.	Néant.	»	»	»	»	»	»	»	non organisé.
	Felletin.	id.	»	»	»	»	»	Tissier, secrét.	»	»
	Gentioux.	id.	»	»	»	»	»	»	»	non organisé.
	St-Sulpice.	id.	»	»	»	»	»	»	»	id.
	Bourganeuf.	id.	»	»	»	»	»	»	»	id.
	Bénévent.	Coupard. Etienne.	200	33	appelé.	403	74	Gillet, médecin.	Delage, not.	»
		Mayaud, S.-P.	600	69	exempté.	»	»			
	Pontarion.	Blaise, L.-C.	600	64	exempté.	»	»	Rouchon, gref.	Tabanon, not.	»
		Moreau, Joseph.	600	75	exempté.	»	»			
		Rouchon, J.-V.-E.	600	40	appelé.	1,178	47			
		Roby, Pierre.	600	79	exempté.	»	»			
	Royère.	Néant.	»	»	»	»	»	»	»	non organisé.
	Boussac.	id.	»	»	»	»	»	»	»	id.
	Chambon.	id.	»	»	»	»	»	»	»	id.
	Chatelux.	id.	»	»	»	»	»	»	»	id.
	Jarnages.	id.	»	»	»	»	»	Fayolle, not.	»	»
Dordogne.	Périgueux.	Néant.	»	»	»	»	»	Picq, ag. de l.	Lagrange, not.	»
	Brantôme.	Pouyade, Nicolas.	800	104	exempté.	»	»	Grenouillet, gr. à Brantôme.	Picon Langerie.	»
	Nontron.	Agard, J.-B.-F.	800	118	exempté.	»	»			»
	Excideuil.	Marchive, Joseph.	400	70	exempté.	»	»	Labrousse, gr.	Cavailhon, not.	»
	Hautefort.	Néant.	»	»	»	»	»	»	»	non organisé.
	St-Astier.	id.	»	»	»	»	»	»	»	id.
	St.-Pierre-de-C.	id.	»	»	»	»	»	»	»	id.
	Savignac-les-E.	id.	»	»	»	»	»	»	»	id.
	Thénon.	id.	»	»	»	»	»	»	»	id.
	Vergt.	id.	»	»	»	»	»	»	»	id.
	Bergerac.	Uzé, Pierre.	500	77	exempté.	»	»	Marchet, clerc.	Lespinasse, n.	»
		Audouin, Antoine.	400	91	exempté.	»	»			
	Beaumont.	Néant.	»	»	»	»	»	»	»	non organisé.
	Cadouin.	id.	»	»	»	»	»	»	»	id.
	Eymet.	Bouchilloux, P.	300	23	appelé.	604	51	Gibert, gref.	Auzeral, notaire	»
	Issigeac.	Néant.	»	»	»	»	»	Torreilhe, pro.	Coq, notaire.	»
	La Force.	id.	»	»	»	»	»	»	»	non organisé.
	Lalinde.	id.	»	»	»	»	»	Valeton, gref.	Lacroix, not.	»
		A report.	159,800	»	»	164,535	01	»	»	»

DORDOGNE. DOUBS.

DÉPARTEMENTS.	CANTON où le Souscripteur a concouru au tirage au sort.	NOMS et PRÉNOMS des SOUSCRIPTEURS.	Montant de la souscription.	N° échu au tirage au Souscripteur.	Résultat des décisions du Conseil de révision touchant le Souscripteur.	SOMME brute revenant au Souscripteur frappé par le sort.		NOMS ET QUALITÉS de MM. les Directeurs qui ont reçu la souscription.	de MM. les Dépositaires des fonds de l'Association.	Observations.
		Report.	159.800	»	»	164,535	01	»	»	»
Dordogne.	Monpazier	Néant.	»	»	»	»	»	»	»	non organisé.
	Saint-Alvère.	id.	»	»	»	»	»	»	»	id.
	Sigoulès.	id.	»	»	»	»	»	Moynier, gref.	Baysselance, n.	»
	Velines.	id.	»	»	»	»	»	Dubois, géom.	»	»
	Villemblard.	id.	»	»	»	»	»	»	»	non organisé.
	Villefranche -L.	id.	»	»	»	»	»	»	»	id.
	Nontron.	id.	»	»	»	»	»	Fonreau, not.	Fonrreau, not.	»
	Bussière-Badil.	id.	»	»	»	»	»	»	»	non organisé.
	Champagnac.	id.	»	»	»	»	»	»	»	id.
	Jumilhac-le-G.	id.	»	»	»	»	»	»	»	id.
	Lanouaille.	DAVID, Pierre.	500	65	appelé.	997	41	Poquillon , sec.	Condaminas, n.	»
		BONNAUD, Guill.	600	26	exempté.	»	»			
	Marcuil.	Néant.	»	»	»	»	»	»	»	non organisé.
	S. Pardoux Riv.	id.	»	»	»	»	»	»	»	id.
	Thiviers.	id.	»	»	»	»	»	»	»	id.
	Riberac.	VOIXE, François.	600	6	appelé.	1,178	47	Chaminade-Lavaure, princ. clerc.	»	»
		BARDY-FOURTOU.	600	44	appelé.	1,178	47			
		DUBREUILLH, J-L.	600	23	appelé.	1,178	47			
	Saint-Aulaye.	COUSTOLE, P.	400	95	appelé.	803	06			
	Monpont.	CHOLLET, Franc.	400	12	appelé.	803	06	Lamy, h. à M.	»	»
	Montagrier.	Néant.	»	»	»	»	»	»	»	non organisé.
	Mussidan.	id.	»	»	»	»	»	Lamy, huissier.	»	»
	Neuvic.	CHALIBAT, Jean.	300	37	exempté.	»	»	Lamy, h. à M.	Lagarde, not.	»
	Sainte-Aulaye.	DUPUY, Pierre.	100	30	appelé.	201	68	Savy, greffier.	Barnède, not.	»
	Verteillac.	Néant.	»	»	»	»	»	»	»	non organisé.
	Sarlat.	id.	»	»	»	»	»	»	»	id.
	Belvès.	id.	»	»	»	»	»	»	»	id.
	Le Bugne.	id.	»	»	»	»	»	»	»	id.
	Carlux.	id.	»	»	»	»	»	»	»	id.
	Domme.	id.	»	»	»	»	»	Bar, greffier.	Mercié, not.	»
	Montignac.	LABORDERIE, J.-B.	600	33	appelé.	1,178	47	Delbonnel, sec.	»	»
	Saint-Cyprien.	DUCASSE, Pierre.	600	88	exempté.	»	»	Lavialle, gref.	Huard, not.	»
	Salignac.	Néant.	»	»	»	»	»	»	»	non organisé.
	Terrasson.	id.	»	»	»	»	»	»	»	id.
	Villefranche-B.	id.	»	»	»	»	»	»	»	id.
Doubs.	**Besanç.** (sud)	ISABEY, Léon.	300	86	exempté.	»	»	Mongin, licencié en droit, à Besançon.	Jacquemain, n.	»
	Amancey.	TONNIN, C.-F.	500	40	exempté.	»	»			
		CONSTANT, J.-P.	500	45	exempté.	»	»			
	Ornans.	PERRUCHE, P.-J.	300	25	appelé.	604	51			
	Audeux.	Néant.	»	»	»	»	»	»	»	non organisé.
	Boussières.	id.	»	»	»	»	»	»	»	id.
	Marchaux.	id.	»	»	»	»	»	Cugnot, gref.	»	»
	Ornans.	id.	»	»	»	»	»	»	»	non organisé.
	Quingey.	id.	»	»	»	»	»	»	»	id.
	Baume.	id.	»	»	»	»	»	Petit Cuenot, m.	»	»
	Clerval.	id.	»	»	»	»	»	»	»	non organisé.
	L'Isle-sur-le-D.	id.	»	»	»	»	»	Petit, médecin.	»	»
	Pierre-Fontaine.	id.	»	»	»	»	»	»	»	non organisé.
	Rougemont.	id.	»	»	»	»	»	Petitcuenot, m.	»	»
	Roulans.	id.	»	»	»	»	»	Petitcuenot, m.	»	»
	Vercel.	PERROT, P.-H.	400	39	appelé.	803	06	Cornuel, méd.	Montenoise, n.	»
		DÉTOUILLON, A-Z.	500	61	exempté.	»	»			
		BERREUR, Delphin.	500	96	exempté.	»	»			
	Montbéliard	Néant.	»	»	»	»	»	Mathieu, sec.	»	»
		A reporter.	168,100	»	»	173,461	67			

DOUBS. DROME. EURE.

DÉPARTEMENTS.	CANTON où le Souscripteur a concouru au tirage au sort.	NOMS et PRÉNOMS des SOUSCRIPTEURS.	Montant de la souscription.	N° échu au tirage au Souscripteur.	Résultat des décisions du Conseil de révision touchant le Souscripteur.	SOMME brute revenant au Souscripteur frappé par le sort.		NOMS ET QUALITÉS — de MM. les Directeurs qui ont reçu la souscription.	de MM. les Dépositaires des fonds de l'Association.	Observations.
		Report.	168,100	»	»	173,461	67	»	»	»
Doubs.	Audincourt.	Néant.	»	»	»	»	»	»	»	non organisé.
	Blamont.	id.	»	»	»	»	»	Fauché, gref.	»	»
	Maiche.	id.	»	»	»	»	»	»	»	non organisé.
	Pont-de-Roide.	id.	»	»	»	»	»	»	»	id.
	St-Hyppolite.	id.	»	»	»	»	»	»	»	id.
	Russey.	id.	»	»	»	»	»	»	»	id.
	Pontarlier.	id.	»	»	»	»	»	»	»	id.
	Levier.	id.	»	»	»	»	»	»	»	id.
	Montbenoit.	id.	»	»	»	»	»	»	»	id.
	Morteau.	id.	»	»	»	»	»	»	»	id.
	Mouthe.	id.	»	»	»	»	»	»	»	id.
Drôme.	**Valence.**	Néant.	»	»	»	»	»	»	»	non organisé.
	Bourg-du-Péage	id.	»	»	»	»	»	»	»	id.
	Chabeuil.	id.	»	»	»	»	»	»	»	id.
	Le Grand Serre.	id.	»	»	»	»	»	»	»	id.
	Loriol.	id.	»	»	»	»	»	»	»	»
	Romans.	id.	»	»	»	»	»	Sablière-Desh.	»	non organisé.
	Saint-Donat.	id.	»	»	»	»	»	»	»	id.
	S.-Jean-en-R.	id.	»	»	»	»	»	Rousset, gref.	»	»
	Saint-Vallier.	id.	»	»	»	»	»	»	»	non organisé.
	Tain.	id.	»	»	»	»	»	Girodin, gref.	»	»
	Die.	id.	»	»	»	»	»	»	»	»
	Bourdeaux.	BROCHENIN, J.-F.	300	22	exempté.	»	»	Raffin, greffier.	Lavergne, not.	»
	La Chapelle en V	Néant	»	»	»	»	»	»	»	non organisé.
	Châtillon.	PESTRE, Frédéric.	600	50	exempté	»	»	Farraud, gref.	Pascal, notaire.	»
		VINCENT, P.-J.-F.	600	27	exempté.	»	»			
		BRACHET, Victor.	400	51	exempté.	»	»			
	Crest.	Néant	»	»	»	»	»	"	"	non organisé.
	Luc-en-Diois.	CHAFFOIS, Hypp.	500	27	exempté.	»	»	Corréard, gref.	Alleoud, not.	»
		BONNET, Antoine.	300	3	exempté.	»	»			
	La-Motte-Chal.	Néant	»	»	»	»	»	Martin, gref.	»	»
	Saillans.	id.	»	»	»	»	»	»	»	non organisé.
	Montélimart	VALET, A.-P.	600	32	appelé.	1,178	47	Cheynet, géom. à Montélimart.	Chare, notaire.	»
		MARITON, André.	600	116	exempté.	»	»			
	Marsanne.	ARSAC, J.-A.-H.	600	21	appelé.	1,178	47			»
	Dieu-le-Fit.	NOYER, Casimir.	600	44	appelé.	1,178	47			non organisé.
	Dieu-le-Fit.	Néant.	»	»	»	»	»	»	»	id.
	Grignan.	id.	»	»	»	»	»	Xavier, gref.	»	»
	Marsanne.	id.	»	»	»	»	»	Chanabas, lib.	»	»
	Pierrelate.	id.	»	»	»	»	»	»	»	non organisé.
	Nyons.	id.	»	»	»	»	»	»	»	id.
	Le Buis.	id.	»	»	»	»	»	»	»	id.
	Rémusat.	id.	»	»	»	»	»	»	»	id.
	Sederon.	id.	»	»	»	»	»	»	»	id.
Eure.	**Evreux.**	Néant.	»	»	»	»	»	Bellelle, huis.	Chedeville, not.	»
	Breteuil.	id.	»	»	»	»	»	»	»	non organisé.
	Conches.	id.	»	»	»	»	»	Guérin, huis.	»	»
	Damville.	id.	»	»	»	»	»	»	»	non organisé.
	Nonancourt.	id.	»	»	»	»	»	Du Buat, gref., à Nonancourt.	Langer, notaire	»
	Houdan (S-et-O)	SURET, L.-G.	800	15	appelé.	1,558	64	Crosnier, gref.	Besnard, not.	»
	Pacy.	Néant.	»	»	»	»	»	Mirebeau, mar.	»	»
	Rugles.	id.	»	»	»	»	»	»	»	»
	Saint-André.	FONTAINE, Henri.	700	29	exempté.	»	»	Godard, ex huis.	Serreville, not.	»
		A reporter.	174,700	»	»	178,555	72			

EURE. EURE-ET-LOIR.

DÉPARTEMENTS.	CANTON où le Souscripteur a concouru au tirage au sort.	NOMS et PRÉNOMS des SOUSCRIPTEURS.	Montant de la souscription.	N° échu au tirage au Souscripteur.	Résultat des décisions du Conseil de révision touchant le Souscripteur.	SOMME brute revenant au Souscripteur frappé par le sort.		de MM. les Directeurs qui ont reçu la souscription.	de MM. les Dépositaires des fonds de l'Association.	Observations.
		Report.	174,700	»	»	178,555	72	»	»	»
Eure.	Verneuil.	Néant.	»	»	»	»	»	Tirrart, huis.	»	»
	Vernon.	id.	»	»	»	»	»	Morellet, perc.	»	»
	Les Andelys.	id.	»	»	»	»	»	Massard , aux Andelys.	»	»
	Louviers.	Dévé, Eugène.	800	54	appelé.	1.558	64		»	»
	Ecos.	Néant.	»	»	»	»	»	»	»	non organisé.
	Ecouis.	id.	»	»	»	»	»	»	»	id.
	Etrépagny.	id.	»	»	»	»	»	Raffy, greffier.	»	»
	Gisors.	Lamaury, J.-B.-F.	400	55	exempté.	»	»	Gallais, gref., à Gisors.	Pinard, not.	»
	Chaumont (O.).	Haranger, Pascal.	600	94	exempté.	»	»			»
	Lions.	Néant.	»	»	»	»	»	»	»	non organisé.
	Bernay.	id.	»	»	»	»	»	Liston, ex-c. p.	»	»
	Beaumesnil.	id.	»	»	»	»	»	»	»	non organisé.
	Beaumont.	id.	»	»	»	»	»	Vallon, gref.	»	»
	Brionne.	id.	»	»	»	»	»	Corbel, percep.	»	»
	Broglie.	id.	»	»	»	»	»	Hervieu, prop.	»	»
	Thiberville.	id.	»	»	»	»	»	»	»	non organisé.
	Louviers.	id.	»	»	»	»	»	Thouet, com. p.	Marcel, not.	»
	Amfreville.	id.	»	»	»	»	»	De Chastigny, s.	Macon, not.	»
	Gaillon.	id.	»	»	»	»	»	Passerel, an. cl.	Marcel, not.	»
	Neubourg.	Leriche, J.-B.-A.	300	84	exempté.	»	»	De Chastigny, s.	Ozanne, not.	»
	Pont-de-Larche	Néant.	»	»	»	»	»	»	»	non organisé.
	P-Audemer	id.	»	»	»	»	»	Duval, propr.	»	»
	Beuzeville.	id.	»	»	»	»	»	Homo, ex-huis.	»	»
	Bourgtheroulde	id.	»	»	»	»	»	»	»	non organisé.
	Cormeilles.	May , Jean-Victor.	800	62	exempté.	»	»	Lefort, percep.	Delaunay, not.	»
	Monfort.	Néant.	»	»	»	»	»	»	»	non organisé.
	Quillebeuf.	id.	»	»	»	»	»	»	»	id.
	Routot.	id.	»	»	»	»	»	»	»	id.
	Saint-George.	id.	»	»	»	»	»	»	»	id.
Eure-et-Loir.	**Chartres**.	Néant.	»	»	»	»	»	»	»	non organisé.
	Auneau.	Cheron, M.-E.	600	41	appelé.	1,178	47	Bizard, gref.	Michau, not.	»
		Barré, Eustache.	300	77	exempté.	»	»			
		Benoist, D.-G.	500	61	exempté.	»	»			
	Courville.	Néant.	»	»	»	»	»	»	»	non organisé.
	Illiers.	id.	»	»	»	»	»	Roquet, gref.	»	»
	Janville.	id.	»	»	»	»	»	»	»	non organisé.
	Maintenon.	id.	»	»	»	»	»	Lejemble, gref.	»	»
	Voves.	id.	»	»	»	»	»	»	»	non organisé.
	Châteaudun	Bouard, Félix.	100	90	exempté.	»	»	Legrand, emp. à la mairie à Châteaudun.	Lucas, notaire.	»
		Coursimault, Is.	500	80	appelé.	997	41			
	Cloyes.	Ligneul, B.-A.	600	101	appelé.	1,178	47			
		Leroux, J.-P.	200	57	appelé.	403	74			
	Morée(L-et-C.)	Neils, J.-P.	300	57	exempté.	»	»			
	Bonneval.	Néant.	»	»	»	»	»	»	»	non organisé.
	Brou.	id.	»	»	»	»	»	Quentin, gref.	Sallon, notaire.	»
	Cloyes.	id.	»	»	»	»	»	»	»	non organisé.
	Orgères.	Vanneau, L.-C.	800	98	exempté.	»	»	Ivon, huissier.	Gasnier, not.	»
		Mellot, P.-D.-T.	300	82	appelé.	604	51			
		Landry, H.-A.	300	22	exempté.	»	»			
		Mercier, L.-C.	200	49	appelé.	403	74			
		Bienvenu, L.-A.	300	21	appelé.	604	51			
		Gaucheron, Narc.	400	81	appelé.	803	06			
	Dreux.	Néant.	»	»	»	»	»	»	»	non organisé.
	Anet.	Feuillet, P.-L.	800	39	appelé.	1,558	64	Morée, greffier.	Gaultier not.	»
		A reporter.	183,800	»	»	187,846	91			

Départements.	Canton ou le Souscripteur a concouru au tirage au sort.	Noms et Prénoms des Souscripteurs.	Montant de la souscription.	N° échu au tirage au Souscripteur.	Résultat des décisions du Conseil de révision touchant le Souscripteur.	Somme brute revenant au Souscripteur frappé par le sort.		Noms et Qualités de MM. les Directeurs qui ont reçu la souscription.	de MM. les Dépositaires des fonds de l'Association.	Observations.
		Report.	183,800	»	»	187,846	91	»	»	»
Eure-et-Loir.	Brezolles.	Néant.	»	»	»	»	»	Petit, géomèt.	»	»
	Chateauneuf.	id.	»	»	»	»	»	»	»	non organisé.
	Laferté-Vidame.	id.	»	»	»	»	»	De Fontenay, g.	Juglet, not.	»
	Nogent-le-R	id.	»	»	»	»	»	»	»	non organisé.
	Senonches.	id.	»	»	»	»	»	Coutable, gref.	»	»
	Nogent le Rotr.	id.	»	»	»	»	»	»	»	non organisé.
	Authon.	id.	»	»	»	»	»	»	»	id.
	La Loupe.	id.	»	»	»	»	»	Pesneau, gref.	Le Pescheur, n.	»
	Thiron.	id.	»	»	»	»	»	»	»	non organisé.
Finistère.	**Quimper.**	Néant.	»	»	»	»	»	»	»	non organisé.
	Briec.	id.	»	»	»	»	»	»	»	id.
	Concarneau.	id.	»	»	»	»	»	»	»	id.
	Douarnenez.	id.	»	»	»	»	»	»	»	id.
	Fouësnant.	id.	»	»	»	»	»	»	»	id.
	Plougastel.	id.	»	»	»	»	»	»	»	id.
	Pont-Croix.	id.	»	»	»	»	»	Rion, greffier.	»	»
	Pont-l'Abbé.	id.	»	»	»	»	»	»	»	non organisé.
	Rosporden.	id.	»	»	»	»	»	»	»	id.
	Brest.	id.	»	»	»	»	»	Lejeune, négo.	»	»
	Daoulas.	id.	»	»	»	»	»	»	»	non organisé.
	Landernau.	Mevel, J.-M.	300	94	exempté.	»	»			
		Cariou, Louis.	300	7	appelé.	604	51			
		Penduf, Pierre.	300	19	appelé.	604	51	Croc , greffier, à Landernau.	Mallejac, not.	»
	Ploudiry.	Lebras, François.	300	27	exempté.	»	»			
		Gueguen, Yves.	300	15	appelé.	604	51			
		Rest, François.	300	30	exempté.	»	»			
	Lannilis.	Néant.	»	»	»	»	»	Quéré, greffier.	Larreur, not	»
	Lesneven.	id.	»	»	»	»	»	Aubrée greffier.	»	»
	Ouessant.	id.	»	»	»	»	»	»	»	non organisé.
	Plabennec.	id.	»	»	»	»	»	»	»	id.
	Ploudalmezeau.	id.	»	»	»	»	»	»	»	id.
	Ploudiry.	id.	»	»	»	»	»	»	»	id.
	Saint-Renan.	id.	»	»	»	»	»	»	»	id.
	Châteaulin.	id.	»	»	»	»	»	»	»	id.
	Carhaix.	id.	»	»	»	»	»	Lemoine gref.	»	»
	Chateauneuf.	id.	»	»	»	»	»	»	»	non organisé.
	Crozon.	id.	»	»	»	»	»	»	»	id.
	Le Faou.	id.	»	»	»	»	»	»	»	id.
	Huelgoat.	id.	»	»	»	»	»	»	»	id.
	Pleyben.	id.	»	»	»	»	»	»	»	id.
	Morlaix.	id.	»	»	»	»	»	Le Saux, not.	»	»
	Landivisiau.	id.	»	»	»	»	»	»	»	non organisé.
	Lanmeur.	id.	»	»	»	»	»	»	»	id.
	Plouescat.	id.	»	»	»	»	»	»	»	id.
	Plouzévédé.	id.	»	»	»	»	»	»	»	id.
	Plouigneau.	id.	»	»	»	»	»	Leverge. gref.	Le Magne, not.	»
	S.-Pol-de-Léon.	id.	»	»	»	»	»	Chauvin, gref.	Macé, notaire.	»
	St.-Thegonec.	id.	»	»	»	»	»	»	»	non organisé.
	Sizun.	id.	»	»	»	»	»	»	»	id.
	Taulé.	id.	»	»	»	»	»	»	»	id.
	Quimperlé.	id.	»	»	»	»	»	»	»	id.
	Arzano.	id.	»	»	»	»	»	»	»	id.
	Bannalec.	id.	»	»	»	»	»	»	»	id.
	Pont-Aven.	id.	»	»	»	»	»	»	»	id.
	Scaëz.	id.	»	»	»	»	»	»	»	id.
		A reporter.	185,600	»	»	189,660	44			

GARD.

DÉPARTEMENTS.	CANTON où le Souscripteur a concouru au tirage au sort.	NOMS et PRÉNOMS des SOUSCRIPTEURS.	Montant de la souscription.	N° échu au tirage au Souscripteur.	Résultat des décisions du Conseil de révision touchant le Souscripteur.	SOMME brute revenant au Souscripteur frappé par le sort.		NOMS ET QUALITÉS de MM. les Directeurs qui ont reçu la souscription.	NOMS ET QUALITÉS de MM. les Dépositaires des fonds de l'Association.	Observations.
		Report. .	185,600	»	»	189,660	44	»	»	»
	Nismes.	Néant.	»	»	»	»	»	Cadel, propriét.	Mans, notaire.	»
	Aigues-Morte.	id.	»	»	»	»	»	Achard, géom.	»	»
	Aramon.	Niquet, Pierre.	300	61	exempté.	»	»			»
		Barbier, J.-A.	200	14	appelé.	403	74	Auzillion, gref.	Carrière, not.	
		Danis, H.-A.-F.	600	82	exempté.	»	»			
	Beaucaire.	Néant.	»	»	»	»	»	Boudin, court.	Eyssète, not.	»
	Marguerites.	Raoux, Antoine.	100	8	appelé.	201	68	De Roux, gref.	»	»
	Saint-Gilles.	Gouan, François.	600	23	appelé.	1,178	47	Cadel, prop.	Cadel, propr.	»
		Boyer, Pierre.	300	41	exempté.	»	»			
	Saint-Mamert.	Marignan, Jean.	200	13	appelé.	403	74	Sudre, greffier.	»	»
	Sommières.	Néant.	»	»	»	»	»	Cadel, père, pr.	Boisson, not.	»
	Vauvert.	Clément, J.-G.	500	39	appelé.	997	41			»
		Guillaume, J.	100	106	exempté.	»	»	Chabert, vétér.	Boissier, not.	
		Dabos, Louis.	100	85	exempté.	»	»			
	Alais.	Néant.	»	»	»	»	»	Roux, greffier.	»	»
	Anduze.	id.	»	»	»	»	»	Gache, greffier.	Gautier, not.	»
	Barjac.	id.	»	»	»	»	»	Clément, gref.	Moulin, not.	»
	Genolhac.	Amat, Pierre.	500	24	exempté.	»	»	Pin, greffier.	Daudet, not.	»
		Saze, André.	300	29	appelé.	604	51			
	Ledignan.	Roux, Jacques.	400	12	appelé.	803	06			
		Jalaguier, Fréd.	300	16	appelé.	604	51	Flouttier, prop.	Armand, not. à Boucoiran.	»
		Bellemain, Fréd.	300	22	exempté.	»	»			»
	Saint-Ambroix.	Malbos, Léon.	400	145	exempté.	»	»	Canongec. nég.	Veau Lanouv.	»
	S-Jean-du-G.	Néant.	»	»	»	»	»	Cabanis, gref.	Cabanis, not.	»
	Saint-Martin-de Valgalgues.	Evesque, Joseph.	300	16	exempté.	»	»	Lacombe, gref.	Pagès, notaire.	»
		Michel, Ciprien.	300	27	appelé.	604	51			
	Vézénobres.	Fontanieu, C.-J.	200	14	appelé.	403	74			
		Delfour, Pierre.	200	41	exempté.	»	»	Flandry, géom	Julien, notaire.	»
		Pongy, Antoine.	200	37	exempté.	»	»			
		Jalabert, Sam.	100	3	appelé.	201	68			
	Uzès.	Néant.	»	»	»	»	»	Pancin, not.	Pancin, not.	»
	Bagnols.	Capon, Pierre.	600	96	exempté.	»	»	Vital-Achard, g.	Borelly, not.	
	Lussan.	Néant.	»	»	»	»	»	Chazel, percep.	Chalmeton, not.	»
	Pont-S.-Esprit.	Chanciergues-D.	600	18	appelé.	1,178	47	Ode, clerc.	Bouyer, notaire.	»
		Nicolas, J.-A.	600	127	exempté.	»	»			
	Remoulins.	Néant.	»	»	»	»	»	Arnaud, gref.	»	»
	Roquemaure.	id.	»	»	»	»	»	Villiers, gref.	Héraud, not.	»
	Saint-Chaptes.	César, Auguste.	600	1	appelé.	1,178	47	Laurent, gref.	Chabanon, not.	»
		Reille, Jacques.	600	64	exempté.	»	»			
	Villeneuve.	Néant.	»	»	»	»	»	Aymard, gref.	Dumas, not.	»
	Le Vigan	id.	»	»	»	»	»	Guibal, gref.	Gendre, not.	»
	Alzon.	id.	»	»	»	»	»	Mar.-Duclaux.	Arnal, notaire.	»
	Lassalle.	id.	»	»	»	»	»	Hebrard, gref.	Cabanis, not.	»
	Quissac.	id.	»	»	»	»	»	Prade, greffier.	Franc, notaire.	»
	Saint-André.	id.	»	»	»	»	»	Malzac, secrét.	Meynadier, not.	»
	St-Hyppolite.	Foissac, P.-A.	400	27	exempté.	»	»	Martin, gref.	Terrasson, not.	»
	Sauve.	Néant.	»	»	»	»	»	Bosc, dir. des p.	»	»
	Sumène.	Bretonville, U.	700	8	appelé.	1,372	37			
		Barral, E.-A.	700	35	exempté.	»	»	Mauriès, gref.	Mauriès, not.	
		Sauzet, E.-F.	300	58	exempté.	»	»			
		Brunel, Louis.	100	21	exempté.	»	»			
	Trèves.	Pialot, François.	200	17	appelé.	403	74	Vidal, greffier.	Chaussignac, n.	»
	Valleraugues.	Néant.	»	»	»	»	»	Martin, propr.	Teulon, not.	»
		A reporter. .	197,500	»	»	200,200	54			

HAUTE-GARONNE. GERS.

DÉPARTEMENTS.	CANTON où le Souscripteur a concouru au tirage au sort.	NOMS et PRÉNOMS des SOUSCRIPTEURS.	Montant de la souscription.	N° échu au tirage au Souscripteur.	Résultat des décisions du Conseil de révision touchant le Souscripteur.	SOMME brute revenant au Souscripteur frappé par le sort.		NOMS ET QUALITÉS de MM. les Directeurs qui ont reçu la souscription.	de MM. les Dépositaires des fonds de l'Association.	Observations.
		Report.	197,500	»	»	200,200	54	»	»	»
Haute-Garonne.	Toulouse (N).	Marty, Étienne.	400	132	exempté.	»	»			
	Toulouse (C.)	Boivin, D.-P.-V.-A.	500	136	appelé.	997	41	Azemar, prop.	Darrieux, not.	»
	Foix (Ariège).	Fiquet, J.-L.	500	228	exempté.	»	»			
	Cadours.	Néant.	»	»	»	»	»	»	»	non organisé.
	Castanet.	id.	»	»	»	»	»	»	»	id.
	Fronton.	id.	»	»	»	»	»	»	»	id.
	Grenade.	id.	»	»	»	»	»	»	»	id.
	Leguevin.	id.	»	»	»	»	»	Forgues, gref.	»	»
	Montastruc.	id.	»	»	»	»	»	»	»	non organisé.
	Verfeil.	id.	»	»	»	»	»	»	»	id.
	Villemur.	id.	»	»	»	»	»	»	»	id.
	Muret.	id.	»	»	»	»	»	Dufour, gref.	»	»
	Auterive.	id.	»	»	»	»	»	»	»	non organisé.
	Carbonne.	id.	»	»	»	»	»	»	»	id.
	Cazères.	id.	»	»	»	»	»	»	»	id.
	Cintegabelle.	id.	»	»	»	»	»	»	»	id.
	Le Fousseret.	id.	»	»	»	»	»	»	»	id.
	Montesquieu-V.	id.	»	»	»	»	»	»	»	id.
	Ricumes.	id.	»	»	»	»	»	»	»	id.
	Rieux.	id.	»	»	»	»	»	»	»	id.
	Saint-Lys.	id.	»	»	»	»	»	Becanne, gref.	Marrast, not.	»
	St-Gaudens.	id.	»	»	»	»	»	»	»	non organisé.
	Aspet.	id.	»	»	»	»	»	»	»	id.
	Aurignac.	id.	»	»	»	»	»	Laffont, gref.	»	»
	Bagnères-de-L.	id.	»	»	»	»	»	»	»	non organisé.
	Boulogne.	id.	»	»	»	»	»	»	»	id.
	Lisle-en-Dodon.	id.	»	»	»	»	»	Castres, gref.	»	»
	Montrejeau.	Dessags, Dominiq.	600	114	exempté.	»	»	Abadie, gref.	Bordères, not.	»
	Saint-Béat.	Néant.	»	»	»	»	»	»	»	non organisé.
	Saint-Bertrand.	id.	»	»	»	»	»	»	»	id.
	Saint-Martory.	id.	»	»	»	»	»	»	»	id.
	Salies.	id.	»	»	»	»	»	»	»	id.
	Villefranche	id.	»	»	»	»	»	Miquel, gref.	Raffit, notaire.	»
	Caraman.	id.	»	»	»	»	»	Valette, maire.	St-Amans, not.	»
	Lanta.	id.	»	»	»	»	»	»	»	non organisé.
	Montgiscard.	id.	»	»	, »	»	»	»	»	id.
	Nailloux.	id.	»	»	»	»	»	»	»	id.
	Revel.	id.	»	»	»	»	»	»	»	id.
Gers.	Auch.	Néant.	»	»	»	»	»	»	»	non organisé.
	Gimont.	id.	»	»	»	»	»	Carrié, gref.	Tonatre, not.	»
	Jegun.	id.	»	»	»	»	»	»	»	non organisé.
	Saramon.	id.	»	»	»	»	»	»	»	id.
	Vic-Fezensac.	Carrère, D.-L.	200	34	appelé.	403	74	Fitte, greffier.	Gaultier, not.	«
		Mothe, Louis.	200	63	exempté.	»	»			
		Auricane, A.-F.	200	12	exempté.	»	»			
		Dartigues, Jean.	100	59	appelé.	201	68			
	Condom.	Néant.	»	»	»	»	»	»	»	non organisé.
	Cazaubon.	id.	»	»	»	»	»	»	»	id.
	Eauze.	id.	»	»	»	»	»	Lalanne, gref.	»	»
	Montréal.	id.	»	»	»	»	»	Couture, gref.	»	»
	Nogaro.	id.	»	»	»	»	»	»	»	non organisé.
	Valence.	id.	»	»	»	»	»	Campardon, g.	»	»
	Lectoure.	id.	»	»	»	»	»	Duluc, vérific.	St-Aubin, not.	»
	Saint-Clar.	Vidailhan, Louis.	500	37	exempté.	»	»			»
	Fleurance.	Lary, Guillaume.	400	71	exempté.	»	»	Doazan, gref.	Denjoy, not.	»
		À reporter.	201,100	»	»	201,803	37			

GERS. GIRONDE.

Départements.	Canton où le Souscripteur a concouru au tirage au sort.	Noms et Prénoms des Souscripteurs.	Montant de la souscription.	N° échu au tirage au Souscripteur.	Résultat des décisions du Conseil de révision touchant le Souscripteur.	Somme brute revenant au Souscripteur frappé par le sort.		Noms et Qualités de MM. les Directeurs qui ont reçu la souscription.	de MM. les Dépositaires des fonds de l'Association.	Observations.
		Report.	201,100	»	»	201.803	37	»	»	»
Gers.	Fleurance.	Danzas, Gratian.	100	61	exempté.	»	»	Doazan, gref.	Denjoy, not.	»
	Mauvesin.	Azam, Antoine.	100	73	exempté.	»	»	Bajon, gref.	Collongues, n.	»
		Castaigné, J-B-J.	400	74	exempté.	»	»			»
	Miradoux.	Néant.	»	»	»	»	»	Lassaigne, gr.	Ducasse-L. not	»
	Saint-Clar.	id.	»	»	»	»	»	Lasserre, gref.	»	»
	Lombez.	id.	»	»	»	»	»	Forgues, vérifi.	»	»
	Lisle-en-Jourd.	id.	»	»	»	»	»	Dangla-de-B.	Cassagneau, n.	»
	Cologne.	id.	»	»	»	»	»	»	»	non organisé.
	Lombez.	Gilardeau, F.-I.	600	15	appelé	1,178	47	Mongauzy, gr.	Marmazet, not.	»
	Samatan.	Bousés, Joseph.	100	17	appelé.	201	68			»
	Mirande.	Néant.	»	»	»	»	»	»	»	non organisé.
	Aignan.	id.	»	»	»	»	»	»	»	id.
	Marciac.	id.	»	»	»	»	»	Laplante, gref.	Clausade, not.	»
	Masseube.	id.	»	»	»	»	»	»	»	non organisé.
	Mielan.	id.	»	»	»	»	»	»	»	id.
	Montesquiou.	id.	»	»	»	»	»	»	»	id.
	Plaisance.	id.	»	»	»	»	»	»	»	id.
	Riscle.	id.	»	»	»	»	»	Ducastain-L.	Magene, not.	»
Gironde.	Bordeaux.	Néant.	»	»	»	»	»	Amic, négoc.	»	»
	Audenge.	id.	»	»	»	»	»	»	»	non organisé.
	Belin.	id.	»	»	»	»	»	Cazaux, gref.	»	»
	Blanquefort.	id.	»	»	»	»	»	»	»	non organisé.
	Cadillac.	id.	»	»	»	»	»	Lucat, greffier.	»	»
	Carbon-Blanc.	id.	»	»	»	»	»	»	»	non organisé.
	Castelnau.	id.	»	»	»	»	»	»	»	id.
	Créon.	id.	»	»	»	»	»	»	»	id.
	Labrède.	id.	»	»	»	»	»	»	»	id.
	Pessac.	id.	»	»	»	»	»	»	»	id.
	Podensac.	id.	»	»	»	»	»	Hugonnet, gref.	»	»
	S.-André-de-C.	id.	»	»	»	»	»	»	»	non organisé.
	La Teste.	id.	»	»	»	»	»	»	»	id.
	Bazas.	id.	»	»	»	»	»	»	»	id.
	Auros.	id.	»	»	»	»	»	»	»	id.
	Captieux.	id.	»	»	»	»	»	»	»	id.
	Grignols.	id.	»	»	»	»	»	Peyré, greffier.	Labarrère, n.	»
	Langon.	id.	»	»	»	»	»	»	»	non organisé.
	St-Smphorien.	id.	»	»	»	»	»	»	»	id.
	Villandrant.	id.	»	»	»	»	»	»	»	id.
	Blaye.	id.	»	»	»	»	»	»	»	id.
	Bourg.	id.	»	»	»	»	»	Pinaud, gref.	»	»
	S.-Ciers-la-L.	id.	»	»	»	»	»	»	»	non organisé.
	Saint-Savin.	id.	»	»	»	»	»	Milhas, gref.	Boutereau, not.	»
	Lesparre.	id.	»	»	»	»	»	»	»	non organisé.
	Pauillac.	id.	»	»	»	»	»	»	»	id.
	Saint-Laurent.	id.	»	»	»	»	»	»	»	id.
	Saint-Vivien.	id.	»	»	»	»	»	»	»	id.
	Libourne.	id.	»	»	»	»	»	»	»	id.
	Branne.	id.	»	»	»	»	»	»	»	id.
	Castillon.	id.	»	»	»	»	»	»	»	id.
	Contras.	id.	»	»	»	»	»	»	»	id.
	Fronsac.	id.	»	»	»	»	»	Boileau, gref.	Guenon, not.	»
	Guitres.	id.	»	»	»	»	»	»	»	non organisé.
	Lussac.	id.	»	»	»	»	»	Aguessau, gr.	»	»
	Pujols.	id.	»	»	»	»	»	»	»	non organisé.
		A reporter.	202,400	»	»	203,183	52	»	»	»

GIRONDE. HÉRAULT.

DÉPARTEMENTS.	CANTON où le Souscripteur a concouru au tirage au sort.	NOMS et PRÉNOMS des SOUSCRIPTEURS.	Montant de la souscription.	N° échu au tirage au Souscripteur.	Résultat des décisions du Conseil de révision touchant le Souscripteur.	SOMME brute revenant au Souscripteur frappé par le sort.		NOMS ET QUALITÉS de MM. les Directeurs qui ont reçu la souscription.	de MM. les Dépositaires des fonds de l'Association.	Observations.
		Report.	202,400	»	»	203,183	52	»	»	»
Gironde.	Sainte-Foi.	Néant.	»	»	»	»	»	Bérard, gref.	Chanceril, not.	»
	La Réole.	id.	»	»	»	»	»	»	»	non organisé.
	Monségur.	id.	»	»	»	»	»	»	»	id.
	Pellegrue.	id.	»	»	»	»	»	Rochier, gref.	Paquier, not.	»
	Saint-Macaire.	id.	»	»	»	»	»	Laborde, gref.	»	»
	Sauveterre.	id.	»	»	»	»	»	Boussard, gref.	»	»
	Targon.	id.	»	»	»	»	»	»	»	non organisé.
Hérault.	**Montpellier.**	Néant.	»	»	»	»	»	»	»	non organisé.
	Aniane.	id.	»	»	»	»	»	»	»	id.
	Castries.	Carrière, Achille.	500	39	exempté.	»	»	Barrandon, h.	Ladjard, not.	»
		Pioch, Pierre.	300	68	exempté.	»	»			
		Mandras, Jean.	500	71	exempté.	»	»			
	Cette.	Néant.	»	»	»	»	»	»	»	non organisé.
	Claret.	id.	»	»	»	»	»	Saumade, gref.	»	»
	Frontignan.	id.	»	»	»	»	»	»	»	non organisé.
	Ganges.	id.	»	»	»	»	»	Poujol, gref.	»	»
	Lunel.	id.	»	»	»	»	»	Saumade, gref.	Bort, notaire.	»
	Les Matelles.	id.	»	»	»	»	»	»	»	non organisé.
	Mauguio.	Pagès, Pierre.	400	17	exempté.	»	»	Labarthe, gref.	Maurin, not.	»
		Bourelly, Fr.	400	14	exempté.	»	»			
	Mèze.	Néant.	»	»	»	»	»	»	»	non organisé.
	S.-Martin-de-L.	id.	»	»	»	»	»	»	»	id.
	Béziers (1e S.)	Resseguier, J.-E.	400	100	exempté.	»	»	Babilée, négoc.	Donadieu, not.	»
		Marie, Antoine.	600	42	appelé.	1,178	47			
	Capestang.	Castel, Benjamin.	500	40	exempté.	»	»			
	Agde.	Néant.	»	»	»	»	»	Saussol, gref.	»	»
	Bédarrieux.	id.	»	»	»	»	»	»	»	non organisé.
	Capestang.	id.	»	»	»	»	»	»	»	id.
	Florensac.	id.	»	»	»	»	»	Fabre, greffier.	»	»
	Montagnac.	id.	»	»	»	»	»	»	»	non organisé.
	Murviel.	id.	»	»	»	»	»	Guy, greffier.	»	»
	Pézénas.	Portes, J.-P.-J.	600	66	exempté.	»	»	Tourrète, gref.	Pauzier, not.	»
		Calas, Adrien.	600	101	exempté.	»	»			
		Jougla, J.-P.	700	41	appelé.	1,372	37			
		Servières, A.-P.	800	18	appelé.	1,558	64			
		Delmas, F.-P.-D.	700	11	appelé.	1,372	37			
	Roujan.	Boyer, Simon.	400	23	appelé.	803	06			
	Servian.	Guiraudou, J.-S.	600	16	appelé.	1,178	47			
	Roujan.	Néant.	»	»	»	»	»	»	»	non organisé.
	Saint-Gervais.	id.	»	»	»	»	»	»	»	id.
	Servian.	Boniface, dit M.	800	7	appelé.	1,558	64	Vialles, gref.	Vialles, not.	»
		Crozals, Jacques.	800	23	appelé.	1,558	64			
		Pascal, Hippolyte.	700	58	exempté.	»	»			
		Crozals, Henri.	600	50	exempté.	»	»			
	Lodève.	Néant.	»	»	»	»	»	»	»	non organisé.
	Le Caylar.	id.	»	»	»	»	»	»	»	id.
	Clermont-l'Hér.	id.	»	»	»	»	»	»	»	id.
	Gignac.	id.	»	»	»	»	»	Grès, notaire.	»	»
	Lunas.	Blayes, André.	100	10	appelé.	201	68	Laurès, gref.	Boulouys, not.	»
	Saint-Pons.	Néant.	»	»	»	»	»	Massouty, gref.	Goutines, not.	»
	Olargues.	id.	»	»	»	»	»	»	»	non organisé.
	Olonzac.	id.	»	»	»	»	»	»	»	id.
	Saint-Chinian.	id.	»	»	»	»	»	Revel, gref.	»	»
	La Salvetat.	id.	»	»	»	»	»	»	»	non organisé.
		A reporter.	213,400	»	»	213,965	86			

ILLE-ET-VILAINE. INDRE.

Départements.	Canton où le Souscripteur a concouru au tirage au sort.	Noms et Prénoms des Souscripteurs.	Montant de la souscription.	N° échu au tirage au Souscripteur.	Résultat des décisions du Conseil de révision touchant le Souscripteur.	Somme brute revenant au Souscripteur frappé par le sort.		Noms et Qualités de MM. les Directeurs qui ont reçu la souscription.	de MM. les Dépositaires des fonds de l'Association.	Observations.
		Report.	213,400	»	»	213,965	86	»	»	»
	Rennes.	Néant.	»	»	»	»	»	»	»	non organisé.
	Chateau-Giron.	id.	»	»	»	»	»	Denis, greffier.	Colliot, notaire.	»
	Bédé.	id.	»	»	»	»	»	»	»	non organisé.
	Janzé.	Desilles, J.-B.-F.	200	130	exempté.	»	»	Prime, secrét.	Chapon, notair.	»
	Liffré.	Néant.	»	»	»	»	»	Meaulle, gref.	Bon-Enfant, not	»
	Mordelles.	id.	»	»	»	»	»	»	»	non organisé.
	S-Aubin-Daub.	id.	»	»	»	»	»	»	»	id.
	Fougères (N)	Couanon, Jos.-G.	500	24	appelé.	997	41	Gérard, secrét. de la mairie à Fougères.	Gandon, notaire.	
		Torel, Jean.	500	148	exempté.	»	»			»
	Fougères (Sud).	Coudray, Pierre.	500	43	exempté.	»	»			
	Sartilly (Man.).	Lérée, Alph.-Gill.	500	74	exempté.	»	»			
	Pleine-Fougèr.	Onnée, Louis.	100	84	exempté.	»	»	Onnée, gréf.	Onnée, dépos.	»
	Louvigné-d-D.	Néant.	»	»	»	»	»	Daligaut, emp.	»	»
	S-Aubin-du-C.	id.	»	»	»	»	»	Daligaut, emp.	»	»
	Saint-Brice.	Lechat, Louis-M.	200	79	exempté.	»	»	Anger, greffier.	Roger-Marvaise	»
	Montfort.	Filaux, François.	300	52	appelé.	604	51	Alliou, notaire à Montfort.	Alliou, notaire à Montfort.	»
	Montauban.	Maudet, Mathurin	300	1	exempté.	»	»			
	Bécherel.	Néant.	»	»	»	»	»	»	»	non organisé.
	Montauban.	id.	»	»	»	»	»	Lefrançois, gr.	Escolan, notair.	»
	Plélan.	id.	»	»	»	»	»	Justel, greffier.	»	»
	Saint-Méen.	id.	»	»	»	»	»	»	»	non organisé.
Illé-et-Vilaine.	**Redon.**	Lejeune, Edouard	600	12	appelé.	1,178	47	Bernède, prop.	Cornu, notaire.	»
		Guérin, Pierre.	100	61	exempté.	»	»			
		Morice, Joseph.	300	68	appelé.	604	51			
		Gaudichon, Julien	100	120	exempté.	»	»			
	Bain.	Néant.	»	»	»	»	»	Bastard, gref.	»	»
	Fougeray.	Gageot, François.	500	18	appelé.	997	41	Loyseau.	»	»
		Lefeuvre, J.-M.	500	1	appelé.	997	41			»
	Guichen.	Néant.	»	»	»	»	»	Bernède, à Red.	»	»
	Maure.	id.	»	»	»	»	»	Édet, greffier.	Berthelin, not.	»
	Pipriac.	Andronet, Louis.	200	17	appelé.	403	74	Decley, huis.	Gérard, notaire à Guipry.	»
		Rouxel, Joseph.	200	2	appelé.	403	74			
		Boulard, J.-Bapt.	200	91	exempté.	»	»			
		Bouquay, Joseph.	200	66	exempté.	»	»			
		Massiot, Pierre.	100	93	exempté.	»	»			
		Monnier, Félix.	200	61	exempté.	»	»			
	Le Sel.	Néant.	»	»	»	»	»	Poinçon, gref.	»	»
	Saint-Malo.	Vincent, P.-Oliv.	500	66	exempté.	»	»	Poussin, gref.	Cariot, notaire.	»
	Cancale.	Néant.	»	»	»	»	»	»	»	non organisé.
	Chateauneuf.	id.	»	»	»	»	»	»	»	id.
	Combourg.	id.	»	»	»	»	»	»	»	id.
	Dol.	id.	»	»	»	»	»	»	»	id.
	Pleine-Fouger.	id.	»	»	»	»	»	»	»	id.
	Pleurtuit.	id.	»	»	»	»	»	»	»	id.
	Saint-Servan.	id.	»	»	»	»	»	Regnaud, avoc.	Bourdin, notair.	»
	Tinteniac.	id.	»	»	»	»	»	»	»	non organisé.
	Vitré.	id.	»	»	»	»	»	Menard, clerc.	Chevalier, not.	»
	Argentré.	id.	»	»	»	»	»	»	»	non organisé.
	Châteaubourg.	id.	»	»	»	»	»	Guillaume, gr.	»	»
	La Guerche.	Viel, Jean-Marie.	800	87	appelé.	1,558	64	Chasles, gref.	Durand, notaire.	»
	Rhetiers.	Néant.	»	»	»	»	»	»	»	non organisé.
Indre.	**Châteauroux**	Néant.	»	»	»	»	»	Demousseaux.	»	»
	Ardentes.	id.	»	»	»	»	»	»	»	non organisé.
	Argenton.	id.	»	»	»	»	»	»	»	id.
		A reporter.	221,000	»	»	221,711	70			

INDRE. INDRE-ET-LOIRE.

DÉPARTEMENTS.	CANTON où le Souscripteur a concuru au tirage au sort.	NOMS et PRÉNOMS des SOUSCRIPTEURS.	Montant de la souscription.	N° échu au tirage au Souscripteur.	Résultat des decisions du Conseil de révision touchant le Souscripteur.	SOMME brute revenant au Souscripteur frappé par le sort.		de MM. les Directeurs qui ont reçu la souscription.	de MM. les Dépositaires des fonds de l'Association.	Observations.
		Report.	221,000	»	»	221,711	70	»	»	»
Indre.	Buzançais.	Néant.	»	»	»	»	»	»	»	non organisé.
	Châtillon.	id.	»	»	»	»	»	»	»	id.
	Ecueillé.	id.	»	»	»	»	»	»	»	id.
	Levroux.	id.	»	»	»	»	»	»	»	id.
	Valançay.	LAUJEON, Louis.	800	100	appelé.	1,558	64	Boyer , secrét. de la mairie.	»	»
		PAULMIER, Franç.	600	60	appelé.	1,178	47			
	Le Blanc.	Néant.	»	»	»	»	»	»	»	non organisé.
	Bélabre.	id.	»	»	»	»	»	»	»	id.
	Mézières.	id.	»	»	»	»	»	»	»	id.
	Saint-Benoist.	id.	»	»	»	»	»	»	»	id.
	Saint-Gaultier.	id.	»	»	»	»	»	»	»	»
	Touraon.	id.	»	»	»	»	»	Desquarte, per.	»	»
	La Châtre.	id.	»	»	»	»	»	Roland fils.	Moulin, notaire	»
	Aigurande.	id.	»	»	»	»	»	»	»	non organisé.
	Eguzon.	id.	»	»	»	»	»	»	»	id.
	Neuvy.	id.	»	»	»	»	»	»	»	id.
	Sainte-Sévère.	id.	»	»	»	»	»	»	»	id.
	Issoudun (N)	GUILLOT, F.-E.-M.	500	99	exempté.	»	»			
		DUBOIS, Claude.	600	23	appelé.	1,178	47			
		PENEAU, Elie-Cl.	600	15	appelé.	1,178	47			
		GAULTIER, Jean.	500	28	appelé.	997	41			
		DELALANDE, Nic.	600	73	appelé.	1,178	47	Royet , secrétaire en chef de la mairie à Issoudun.	Bujon, notaire.	»
		ETAVE, Philippe-F.	600	89	exempté.	»	»			
		JOLY, Gabriel.	100	75	appelé.	201	68			
	Issoudun (sud).	GERBIER, Jean-B.	100	10	appelé.	201	68			
		GAULTIER, Silvain.	600	83	exempté.	»	»			
		REGIBIER, Jacques	500	64	appelé.	997	41			
		TILLIER, Jean.	500	7	appelé.	997	41			
	Charost (Cher).	GRAND, Louis-Hon.	600	27	appelé.	1,178	47	»	»	non organisé.
	St-Christophe.	Néant.	»	»	»	»	»	»	»	»
	Vatan.	id.	»	»	»	»	»	Aubineau, gref.	»	»
Indre-et-Loire.	Tours.	Néant.	»	»	»	»	»	»	»	non organisé.
	Amboise.	id.	»	»	»	»	»	Poirier, greffier	»	»
	Bléré.	id.	»	»	»	»	»	»	»	non organisé.
	Chât.-Renault.	id.	»	»	»	»	»	»	»	id.
	Chât.-la-Vallièr	id.	»	»	»	»	»	»	»	id.
	Montbazon.	id.	»	»	»	»	»	»	»	id.
	Neuillé-P-Pierre	id.	»	»	»	»	»	»	»	id.
	Neuvy.	id.	»	»	»	»	»	»	»	»
	Vouvray.	id.	»	»	»	»	»	Maupuy, gref.	»	»
	Chinon.	id.	»	»	»	»	»	»	»	non organisé.
	Azay-le-Rideau.	id.	»	»	»	»	»	»	»	id.
		SAVONNEAU, Aug.	200	59	appelé.	403	74	Béatrix, secrétaire de la mairie.	Hervé, notaire.	»
		PICARD, Pierre-P.	600	74	appelé.	1,178	47			
	Bourgueil.	MAINZÉ, Louis.	100	18	appelé.	201	68			
		LAJOIE, Joseph.	200	98	exempté.	»	»			
		MECHINE, Joseph.	100	114	exempté.	»	»			
	Ile-Bouchard.	Néant.	»	»	»	»	»	»	»	non organisé.
	Langeais.	id.	»	»	»	»	»	Crouzet, gref.	»	»
	Richelieu.	id.	»	»	»	»	»	»	»	non organisé.
	Sainte-Maure.	id.	»	»	»	»	»	»	»	id.
	Loches.	id.	»	»	»	»	»	»	»	id.
	La Haye.	id.	»	»	»	»	»	»	»	id.
	Liguéil.	id.	»	»	»	»	»	»	»	id.
		A reporter.	229,400	»	»	234,342	17			

INDRE-ET-LOIRE. ISÈRE.

Départements.	Canton où le Souscripteur a concouru au tirage au sort.	Noms et prénoms des Souscripteurs.	Montant de la souscription.	N° échu au tirage au Souscripteur.	Résultat des décisions du Conseil de révision touchant le Souscripteur.	Somme brute revenant au Souscripteur frappé par le sort.		Noms et qualités de MM. les Directeurs qui ont reçu la souscription.	de MM. les Dépositaires des fonds de l'Association.	Observations.
Ind.-et-L.		Report.	229,400	»	»	234,342	17	»	»	»
	Montrésor.	Néant.	»	»	»	»	»	»	»	non organisé.
	Pressigny-le-G.	id.	»	»	»	»	»	»	»	id.
	Preuilly.	id.	»	»	»	»	»	Chevalier de C.	»	»
Isère.	Grenoble (E.)	Gayme, Franç.-Alb	500	58	exempté.	»	»			»
		Guérin, Jean.	200	79	exempté.	»	»			
		Amilot, Casimir.	500	133	exempté.	»	»	Chalvin, géom.	Gayme, not.	
	Villard-de-Lans	Girard-Blanc, L.	800	60	exempté.	»	»			
	Vizille.	Dumollard, B.-l.	500	48	appelé.	997	41			
	Allevard.	Néant.	»	»	»	»	»	»	»	non organisé.
	Bourg-Doisans.	Pélissier, Pierre.	500	15	appelé.	997	41	Arnol, greffier.	»	»
	Clelles.	Néant.	»	»	»	»	»	Rippert gref.	»	»
	Corps.	id.	»	»	»	»	»	Giraud, gref.	»	»
	Domène.	id.	»	»	»	»	»	»	»	non organisé.
	Goncelin.	id.	»	»	»	»	»	Jacquemont, g.	»	»
	Mens.	id.	»	»	»	»	»	»	»	non organisé.
	Monestier-de-Clermont.	Luya, Jean-Augus.	200	35	exempté.	»	»			
		Terrier, Damien.	100	4	exempté.	»	»			
		Freydier, Germ.	200	44	exempté.	»	»	Morin, huissier.	Morin, huis.	»
		Dussert, Jean-Bar.	200	32	appelé.	403	74			
		Freydier, Eugène	200	33	exempté.	»	»			
	La Mure.	Néant.	»	»	»	»	»	Riban, gref.	»	»
	Saint-Laurent-du-Pont.	Chatelard, J.-B.	500	66	exempté.	»	»	Perinel, gref.	Margot, not.	»
		Cerpend, Joseph.	500	20	appelé.	997	41			
	Sassenage.	Néant.	»	»	»	»	»	»	»	non organisé.
	Le Touvet.	id.	»	»	»	»	»	»	»	id.
	Valbonnais.	id.	»	»	»	»	»	Bernard, gref.	»	»
	Vif.	id.	»	»	»	»	»	»	»	non organisé.
	Villard-de-Lans	id.	»	»	» .	»	»	»	»	non organisé.
	Vizille.	id.	»	»	»	»	»	»	»	id.
	Voiron.	Queyron, Joseph.	500	18	appelé.	997	41			
		Barratin, Laur.-F	600	146	exempté.	»	»			
		Tournon, Jean-B.	300	103	exempté.	»	»	Badin, secrétaire de la mairie.	Neyrond, not.	»
		Garon, Pierre-Fr.	500	154	exempté.	»	»			
		Gillet, J.-Ch.-A.	500	168	exempté.	»	»			
	St-Marcelin.	Néant.	»	»	»	»	»	Monnets, lég.	»	»
	Pont-en-Royans	id.	»	»	»	»	»	»	»	non organisé.
	Rives.	id.	»	»	»	»	»	Liotard, gref.	Baudoin, not.	»
	Roybon.	id.	»	»	»	»	»	Royannais, gr.	»	»
	S-Étien.-de-S-G	Perrial, Joseph.	600	49	appelé.	1,178	47	Perriol.	Rolland, not.	»
	Tullins.	Néant.	»	»	»	»	»	Bourdat, gref.	»	»
	Vinay.	id.	»	»	»	»	»	»	»	non organisé.
	Bourgoin.	Natton, Claude.	100	78	appelé.	201	68	Paquot-Didier, ing. à la T. d. P.	Brun, notaire.	»
	la Tour-du-P	Guillermaz, Ant.	300	82	appelé.	604	51			
		Martin, Claude-M	500	44	appelé.	997	41			
		Astier, André.	600	51	appelé.	1,178	47			
	Bourgoin.	Perenet, Joseph.	400	28	appelé.	803	06	Massot, agent d'affaires.	Martin, not.	»
		Grassot, Jean.	300	16	appelé.	604	51			
		Poirier, Claude.	400	27	appelé.	803	06			
	Cremieu.	Martin, Claude.	200	85	exempté.	»	»	Falque, gref.	Guichard, not.	»
		Genillon, Joseph.	200	87	exempté.	»	»			
	Grand-Lemps.	Néant.	»	»	»	»	»	»	»	non organisé.
	Morestel.	id.	»	»	»	»	»	»	»	id.
	Pont-de-Beauv.	Chamard, Jean.	500	158	exempté.	»	»	Chamard, géo.	Favot, notaire.	»
	Saint-Geoire.	Néant.	»	»	»	»	»	»	»	non organisé.
	Viricu.	id.	»	»	»	»	»	»	»	id.
		A reporter.	240,800	»	»	245,106	72			

ISÈRE. JURA.

Départements.	Canton où le Souscripteur a concouru au tirage au sort.	Noms et prénoms des souscripteurs.	Montant de la souscription.	N° échu au tirage au Souscripteur.	Résultat des décisions du Conseil de révision touchant le Souscripteur.	Somme brute revenant au Souscripteur frappé par le sort.		Noms et qualités de MM. les Directeurs qui ont reçu la souscription.	de MM. les Dépositaires des fonds de l'Association.	Observations.
Isère.		Report.	240,800	»	»	245,106	72	»	»	
	Vienne.	Néant.	»	»	»	»	»	Faure, capit.	»	»
	Beaurepaire.	id.	»	»	»	»	»	»	»	non organisé.
	La Côte-S-And.	id.	»	»	»	»	»	Humbert, secr.	»	»
	Heyrieux.	FALLATIEUX, Jos.	100	55	exempté.	»	»	Armentier, h.	Pétrequin, not.	»
	Meyzieux.	Néant.	»	»	»	»	»	Gayet, greffier.	»	»
	Roussillon.	id.	»	»	»	»	»	Biessy, gref.	Lecerf, not.	»
	S-Jean-de-Bour.	id.	»	»	»	»	»	»	»	non organisé.
	S-Symphorien D	id.	»	»	»	»	»	Faure, à Vienne	»	»
	La Verpilière.	VIAL, Jean.	400	114	exempté.	»	»	Chabert, gref.	Coquet, not.	»
		SERMET, Benoît.	400	52	appelé.	803	06			
Jura.	Lons-le-Saul	CRETIN, Jos.-Hyp.	500	109	exempté.	»	»	Tresse, gref.	Mazeau, not.	»
	Gex (Ain).	MERCIER, Louis-J.	600	7	appelé.	1,178	47			
	Arinthod.	Néant.	»	»	»	»	»	»	»	non organisé.
	Beaufort.	id.	»	»	»	»	»	»	»	id.
	Bletterans.	id.	»	»	»	»	»	»	»	id.
	Clairvaux.	id.	»	»	»	»	»	»	»	id.
	Conliége.	id.	»	»	»	»	»	Convers, gref.	Comte, notaire,	»
	Orgelet.	id.	»	»	»	»	»	»	»	non organisé.
	Saint-Amour.	id.	»	»	»	»	»	»	»	id.
	Saint-Julien.	id.	»	»	»	»	»	Tignat, c. gref.	Clerc, notaire.	»
	Sellières.	id.	»	»	»	»	»	»	»	non organisé.
	Voiteur.	GAGNEUR, Cl.-Fr.	200	49	exempté.	»	»	Tresse, greffier.	Prouvier, not.	»
		FAIVRE, Fr.-J.-A.	300	69	exempté.	»	»			
		ROUSSELOT-Pailley.	200	51	exempté.	»	»			
	Dôle.	Néant.	»	»	»	»	»	Gaudard, emp.	»	»
	Chaumergy.	id.	»	»	»	»	»	»	»	non organisé.
	Chaussin.	id.	»	»	»	»	»	»	»	id.
	Chemin.	id.	»	»	»	»	»	Olivier, distrib.	»	»
	Dampierre.	id.	»	»	»	»	»	»	»	non organisé.
	Gendray.	id.	»	»	»	»	»	»	»	id.
	Montbarrey.	id.	»	»	»	»	»	Bouchot, not.	»	»
	Montmirey.	id.	»	»	»	»	»	»	»	non organisé.
	Rochefort.	id.	»	»	»	»	»	»	»	id.
	Poligny.	LUGAND, Joseph.	400	35	appelé.	803	06	Ligier, prop.	»	»
	Arbois.	Néant.	»	»	»	»	»	»	»	non organisé.
	Champagnolle.	id.	»	»	»	»	»	Fourgeot, com.	Jacotot, not.	»
	Nozeroy.	QUATTRE, Fr.-Irén.	200	43	appelé.	403	74	Quattre, gref.	Valle, notaire.	»
		QUATTRE, P.-F.-V.	100	14	exempté.	»	»			
	Les Planches.	Néant.	»	»	»	»	»	»	»	non organisé.
	Salins.	GODARD, Fr.-Xav.	100	30	appelé.	201	68	Bourdon, ex-g.	Tournier, not.	»
		PETIT, Louis-Des.	400	23	appelé.	803	06			
	Villers-Farlay.	ROUSSELET, Charl.	100	55	exempté.	»	»	Cavaroz, gref.	Jacquet, not.	»
	St-Claude.	Néant.	»	»	»	»	»	Colomb, not.	»	»
	Les Bouchoux.	id.	»	»	»	»	»	»	»	non organisé.
	Moirans.	id.	»	»	»	»	»	»	»	id.
	Morez.	BLONDEAU-COLLET	200	90	exempté.	»	»	Comoy, secrétaire de la mairie.	Gabet, notaire.	»
		PONARD, Jos-Aimé	400	106	exempté.	»	»			
		MATHEY, Fr.-Jos.	100	61	exempté.	»	»			
		PAGET, Alex.-Dan.	600	107	exempté.	»	»			
		GRANDCHAVIN, J.-J.	100	41	appelé.	201	68			
		ROMAND, Jules-D.	300	11	exempté.	»	»			
		BENOIT-JEANNIN.	300	79	exempté.	»	»			
		JACQUET, Cél.-Aug.	200	7	appelé.	403	74			
		CHEVASSUS, Jean-H	500	9	exempté.	»	»			
		A reporter.	247,500	»	»	249,905	21			

JURA. LANDES. LOIR-ET-CHER.

Départements.	Canton où le Souscripteur a concouru au tirage au sort.	Noms et Prénoms des Souscripteurs.	Montant de la souscription.	N° échu au tirage au Souscripteur.	Résultat des décisions du Conseil de révision touchant le Souscripteur.	Somme brute revenant au Souscripteur frappé par le sort.		Noms et qualités de MM. les Directeurs qui ont reçu la souscription.	de MM. les Dépositaires des fonds de l'Association.	Observations.
		Report.	247,500	»	»	249,905	21	»	»	»
Jura.	Morez.	Chambard, Jean-J.	100	45	appelé.	201	68	Comoy, secrét. de la mairie.	Gabet, notaire.	»
		Moret-Bailly, J.-E	300	26	appelé.	604	51			
	Saint-Laurent.	Néant.	»	»	»	»	»	Bouvier, gref.	»	»
Landes.	Mont-deMar	Néant.	»	»	»	»	»	Monne, pharm.	»	»
	Arjuzaux.	id.	»	»	»	»	»	»	»	non organisé.
	Gabarret.	id.	»	»	»	»	»	»	»	id.
	Grenade-s-l'Ad	id.	»	»	»	»	»	Parade, gref.	»	»
	Labrit.	id.	»	»	»	»	»	»	»	non organisé.
	Mimizan.	id.	»	»	»	»	»	»	»	id.
	Parentis-en-B.	id.	»	»	»	»	»	»	»	id.
	Pissos.	id.	»	»	»	»	»	»	»	id.
	Roquefort.	id.	»	»	»	»	»	»	»	id.
	Sabres.	id.	»	»	»	»	»	»	»	id.
	Sore.	id.	»	»	»	»	»	»	»	id.
	Villeneuve.	id.	»	»	»	»	»	Tarride, huis.	»	»
	Dax	id.	»	»	»	»	»	»	»	non organisé.
	Castets.	id.	»	»	»	»	»	»	»	id.
	Montfort.	id.	»	»	»	»	»	Dousse,	»	»
	Peyerhorade.	id.	»	»	»	»	»	»	»	non organisé.
	Pouillon.	Lagourgue, L.-S.	300	105	exempté.	»	»	Desarps, secrétaire de la mairie à Thil.	Darrigand, not. à Abos.	»
		Lamarque, Jean.	100	113	exempté.	»	»			
		Belin, Jean.	300	109	exempté.	»	»			
		Guilhemjouan, J.	100	2	exempté.	»	»			
	Saint-Esprit.	Lataste, D. {jum.	300	109	exempté.	»	»	Prudet, instit.	Doussy, not,	»
		Lataste, P. {		38	appelé.	604	51			
		Nougaro, Jean.	300	73	exempté.	»	»	Lavielle, gref.	Dupont, not.	»
	Soustons.	Puyaubran, Jacq.	300	71	appelé.	604	51			
		Darmaillacq, J.	300	86	exempté.	»	»			
	S-Vincent de T.	Néant.	»	»	»	»	»	»	»	non organisé.
	Saint-Sever.	id.	»	»	»	»	»	»	»	id.
	Aire.	id.	»	»	»	»	»	»	»	id.
	Amou.	Coucourron, B.	200	68	appelé.	403	74	Baigthosse, propriétaire.	Laussuy, not.	»
		Dubedout, Jean.	300	55	appelé.	604	51			
		Tachoires, V.-J.	100	112	exempté.	»	»			
	Geaune.	Néant.	»	»	»	»	»	»	»	non organisé.
	Hagetmau.	id.	»	»	»	»	»	»	»	id.
	Mugron.	id.	»	»	»	»	»	»	»	id.
	Tartas.	id.	»	»	»	»	»	»	»	id.
Loir-et-Cher.	Blois.	Néant.	»	»	»	»	»	»	»	non organisé.
	Bracieux.	Texcier, Charl.-F	500	90	exempté.	»	»	Lambert, gref. à Bracieux.	Herpin, not. à Saint-Dyé-s-Loire.	»
		Passavant, S.	500	76	exempté.	»	»			
		Chavigny, Bart.-P	500	58	appelé.	997	41			
		Thibault, Jacques	500	85	exempté.	»	»			
	Mer.	Poulin, Frédéric.	300	13	appelé.	604	51			
		Hardillier, Narc.	300	21	appelé.	604	51			
	Contres.	Néant.	»	»	»	»	»	»	»	non organsé.
	Herbault.	Chevereau, J.-P.	200	6	appelé.	403	74	Bourgeois, gref.	Boiton, not.	»
	Marchenoir.	Néant.	»	»	»	»	»	»	»	non organisé
	Mer.	id.	»	»	»	»	»	Communot, h..	»	»
	Montrichard.	Princé, François.	200	102	exempté.	»	»	Boutard, gref.	Garsonnet, not.	»
	Ouzouer-le-M.	Néant.	»	»	»	»	»	»	»	non organisé
	Saint-Aignan.	id.	»	»	»	»	»	»	»	id.
	Romorantin	Chalault, Cl.-E.	700	133	exempté.	»	»	Marchant, gref.	Dumouthier, n.	»
		A reporter.	254,200	»	»	255,538	84			

LOIR-ET-CHER. LOIRE.

Départements.	Canton où le Souscripteur a concouru au tirage au sort.	Noms et prénoms des Souscripteurs.	Montant de la souscription.	N° échu au tirage au Souscripteur.	Résultat des décisions du Conseil de révision touchant le Souscripteur.	Somme brute revenant au Souscripteur frappé par le sort.		Noms et qualités de MM. les Directeurs qui ont reçu la souscription.	de MM. les Dépositaires des fonds de l'Association.	Observations.
		Report. .	254,200	»	»	255,538	84	»	«	»
Loir-et-Cher.	Romorantin.	Villardery, A.-A.	700	20	appelé.	1,372	37	Marchant, gr.	Dumouthier, n.	»
		Masselon, Cb-Ed.	1000	134	exempté.	»	»			»
	Mennetou.	Leroy, Jean-Bapt.	300	33	exempté.	»	»	Delanoue, gr.	Poroy, not. à Romorantin.	»
		Chabrolle, A.-A.	300	18	appelé.	604	57			»
	La Mothe-Beuv.	Beauchet, P-Jean	500	29	appelé.	997	41	Lange, huissier, à La Motte.	Chevallier, not.	»
	Salbris.	Finoux, Silvain.	300	30	appelé.	604	51			»
	Neung.	Néant.	»	»	»	»	»	»	»	non organisé.
	Salbris.	Pinault, Bazile.	500	51	exempté.	»	»	Delanoue, greffier, à Mennetou.	Pornoy, not. à Romorantin.	»
		Faure, Narc.-Stan.	500	64	exempté.	»	»			»
		Vauché, Silvain-J.	200	41	appelé.	403	74			»
	Selles-sur-Cher.	Néant.	»	»	»	»	»	»	»	non organisé.
	Vendôme.	Guillieu, Pierre-J	200	37	appelé.	403	74	Desroches, c. des p.-et-c.	Peltereau. not.	»
		Deshayes, René-A	200	105	exempté.	»	»			»
	Droué.	Néant.	»	»	»	»	»	Hammonière, g.	Javary, notaire,	»
	Mondoubleau.	id.	»	»	»	»	»	»	»	non organisé
	Montoire.	id.	»	»	»	»	»	Léger, huissier.	»	»
	Saint-Amand.	id.	»	»	»	»	»	»	»	non organisé.
	Morée.	Brillard, Franc.	200	15	appelé.	403	74	Beulay, gref.	Butard, not.	»
		Cornilleau, Pier.	100	92	exempté.	»	»			»
		Chevereau, L.	100	69	appelé.	201	68			»
	Savigny.	Néant.	»	»	»	»	»	»	»	non organisé.
	Selommes.	id.	»	»	»	»	»	»	»	id.
Loire.	**Montbrison**.	Néant.	»	»	»	»	»	»	»	non organisé.
	Boën.	id.	»	»	»	»	»	»	»	id.
	Fleurs.	id.	»	»	»	»	»	»	»	id.
	Noiretable.	id.	»	»	»	»	»	»	»	id.
	S-Bonnet-le-Ch.	id.	»	»	»	»	»	»	»	id.
	Saint-Galmier.	id.	»	»	»	»	»	»	»	id.
	S-Georges-en-C	id.	»	»	»	»	»	»	»	id.
	S.-Jean-Solign.	id.	»	»	»	»	»	»	»	id.
	Saint-Rambert.	id.	»	»	»	»	»	»	»	id.
	Roanne.	Raffin, Jean.	600	68	appelé.	1,178	47	Jacotin, greffier à Roanne.	Jullieron, not.	»
	Perreux.	Girardin, George	400	38	exempté.	»	»			»
	Belmont.	Néant.	»	»	»	»	»	»	»	non organisé.
	Charlieu.	Cucherat, L-J-A.	600	159	exempté.	»	»	Bost, secrét. de la mairie.	Guenault, not.	»
		Moncorgé, Philib.	500	153	exempté.	»	»			
		Auclair, Joseph.	500	117	exempté.	»	»			
		Raquin, Claude-M	600	10	appelé.	1,178	47			
		Taché, Jean.	600	32	appelé.	1,178	47			
		Foriat, Jacques.	600	53	appelé.	1,178	47			
		Bonnetin, Claude.	300	152	exempté.	»	»			
		Dard, Claude-M.	400	143	exempté.	»	»			
		Desbois, Gabriel.	600	61	appelé.	1,178	47			
	Néronde.	Néant.	»	»	»	»	»	Souchon, gref,	»	»
	La Pacaudière.	id.	»	»	»	»	»	»	»	non organisé.
	Perreux.	id.	»	»	»	»	»	Rochet, gref.	»	»
	Saint-Germain-Laval.	Courtois, J-C-G.	600	75	exempté.	»	»	Boclon, commis greffier.	Vial, notaire.	»
		Reveret, Jean-B.	500	56	exempté.	»	»			»
		Vernier, Pierre.	300	93	exempté.	»	»			»
		Fauconnay, J.-M.	600	46	appelé.	1,178	47			»
	S-Haon-le-Chât.	Néant.	»	»	»	»	»	»	»	non organisé.
	S-Just-en-Chev.	id.	»	»	»	»	»	»	»	id.
	S.-Symphorien.	id.	»	»	»	»	»	»	»	id.
	St-Étienne.	id.	»	»	»	»	»	»	»	id.
		A reporter. .	267,000	»	«	267,601	36			

LOIRE. HAUTE-LOIRE. LOIRE-INFÉRIEURE.

DÉPARTEMENTS.	CANTON où le Souscripteur a concouru au tirage au sort.	NOMS et PRÉNOMS des SOUSCRIPTEURS.	Montant de la souscription.	N° échu au tirage au Souscripteur.	Résultat des décisions du Conseil de révision touchant le Souscripteur.	SOMME brute revenant au Souscripteur frappé par le sort.		NOMS ET QUALITÉS de MM. les Directeurs qui ont reçu la souscription.	de MM. les Dépositaires des fonds de l'Association.	Observations.
		Report. .	267,000	»	»	267,601	36	»	»	»
Loire.	Bourg-Argental	Néant.	»	»	»	»	»	»	»	non organisé.
	Le Chambon.	id.	»	»	»	»	»	»	»	id.
	Pelussin.	PARET, Mathieu.	500	35	exempté.	»	»	Pitiot, greffier.	Gontarel, not.	»
		VERRIER, Jean.	500	81	exempté.	»	»			
	Rive-de-Gier.	Néant.	»	»	»	»	»	»	»	non organisé.
	Saint-Chamond.	MARCOUX, Pier.-M	300	8	appelé.	604	51	Monrocher, cl.	Thomas, not.	»
	St-Genet-Malif.	Néant.	»	»	»	»	»	»	»	non organisé,
	Saint-Héand.	id.	»	»	»	»	»	»	»	id.
Haute-Loire.	Le Puy.	BON, Pierre-Alex.	300	104	exempté.	»	»	Bon-Mazon, négociant, au Puy.	Baldit, notaire.	»
	Allègre.	PORTAL, Claude.	500	71	exempté.	»	»			
		PIGHON, Jean-Jac.	500	22	appelé.	997	41			
	Cayres.	Néant.	»	»	»	»	»	»	»	non organisé.
	Crapone.	id.	»	»	»	»	»	Harent, gref.	»	»
	Fay.	id.	»	»	»	»	»	»	»	non organisé.
	Londes.	id.	»	»	»	»	»	»	»	id.
	Monastier.	id.	»	»	»	»	»	Chaussende, g.	»	»
	Pradelles.	JULIEN, Mathieu.	100	38	exempté.	»	»	Pagès, greffier.	Bonhomme, notaire.	«
		ENJOLRAS, Claude.	100	27	appelé.	201	68			
		JULIEN, Victor.	100	9	exempté.	»	»			
		HILAIRE, Louis.	100	29	exempté.	»	»			
		BRUSCHET, Victor.	100	33	appelé.	201	68			
		HILAIRE, Bruno.	300	54	exempté.	»	»			
		JOUMARD, François	100	47	exempté.	»	»			
		JOUVE, Jacques.	100	6	appelé.	201	68			
		BEAUMEIL, Victor.	200	25	appelé.	403	74			
		AMARGIER, Bapt.	300	3	exempté.	»	»			
	Saint-Julien.	Néant.	»	»	»	»	»	»	»	non organisé.
	Saint-Paulien.	id.	»	»	»	»	»	»	»	id.
	Saugues.	id.	»	»	»	»	»	»	»	id.
	Solignac-s-Loire	GERBIER, François	400	18	appelé.	803	06	Tharin, gref.	Chacornac, n.	»
	Vorey.	Néant.	»	»	»	»	»	»	»	non organisé.
	Bricude.	id.	»	»	»	»	»	»	»	id.
	Auzon.	JOANEL, Jean.	400	102	exempté.	»	»	Marchet, gref.	Bardy, notaire.	»
	Bresle.	Néant.	»	»	»	»	»	»	»	non organisé.
	La Chaise-Dieu.	id.	»	»	»	»	»	»	»	id.
	Langeac.	id.	»	»	»	»	»	»	»	id.
	La Voute.	id.	»	»	»	»	»	»	»	id.
	Paulhaguet.	id.	»	»	»	»	»	»	»	id.
	Pinols.	id.	»	»	»	»	»	»	»	id.
	Yssengeaux.	id.	»	»	»	»	»	»	»	id.
	Bas.	id.	»	»	»	»	»	»	»	id.
	Monistrol.	id.	»	»	»	»	»	»	»	id.
	Montfaucon.	id.	»	»	»	»	»	»	»	id.
	St-Didier-la-S.	id.	»	»	»	»	»	»	»	id.
	Tence.	id.	»	»	»	»	»	»	»	id.
Loire-Inférieure.	Nantes, 1er canton.	LORES, Franç.-Bap.	100	58	exempté.	»	»	Bernède, Charles, propriét.	Desvignes, not.	»
		RICHARD, Auguste.	100	3	appelé.	201	68			
	Nantes, 2e cant.	COUTEAU, Ch-Pier.	400	74	exempté.	»	»			
	Nantes, 5e cant.	CHAVONET, Jean-A	500	78	exempté.	»	»			
		LE COINDRE, P-E-H	300	58	exempté.	»	»			
	Nantes, 3e canton.	LE SANT, Pierre.	400	50	appelé.	803	06			
		NONDIN, Pierre.	500	66	exempté.	»	»			
		HUBANS, Et-Dom-J.	400	79	exempté.	»	»			
		A reporter. .	274,600	»	»	272,019	86			

LOIRE-INFÉRIEURE.

DÉPARTEMENTS.	CANTON où le Souscripteur a concouru au tirage au sort.	NOMS et PRÉNOMS des SOUSCRIPTEURS.	Montant de la souscription.	N° échu au tirage au Souscripteur.	Résultat des décisions du Conseil de révision touchant le Souscripteur.	SOMME brute revenant au Souscripteur frappé par le sort.		NOMS ET QUALITÉS de MM. les Directeurs qui ont reçu la souscription.	de MM. les Dépositaires des fonds de l'Association.	Observations.
Loire-Inférieure.		Report.	274,600	»	»	272,019	86	»	»	»
	Nantes, 3e canton.	HEURTHAUX, F.-J.	400	20	appelé.	803	06			
	Nantes, 3e canton.	VERRIER, Victor-F.	200	8	appelé.	403	74			
	Nantes, 4e cant.	BATARD, Théod.-P.	400	55	exempte.	»	»	Bernède, Charles, propriét.	Desvignes, not.	»
	Nantes, 5e canton.	PIJEANNE, Joseph.	200	8	exempté.	»	»			
	Nantes, 5e canton.	BRIAND, Franc.-Ch	100	55	appelé.	201	68			
	Bordeaux (5e c.)	RIGAL, Henri.	400	66	appelé.	803	06			
	Aigrefeuille.	Néant.	»	»	»	»	»	»	»	non organisé.
	Bouaye.	id.	»	»	»	»	»	St-Quentin , n.	»	»
	Carquefou.	id.	»	»	»	»	»	Dunan, prop.	Maingnet, not.	»
	La Chapelle-s-E.	id.	»	»	»	»	»	Rincé, prop.	Clouet, not.	»
	Clisson.	BARRÉ, Jacques.	100	47	appelé.	201	68	Évin, pharmac.	Bureau, not.	»
	Clisson.	BLANLOEIL, Pierre.	300	48	exempté.	»	»			
	Légé.	Néant.	»	»	»	»	»	»	»	non organisé.
	Le Loroux.	id.	»	»	»	»	»	André, prop.	Vallin, notaire.	»
	Machecoul.	id.	»	»	»	»	»	Casinière, à S-P	Reliquet, not.	»
	Saint-Philbert-de-Grand-Lieu.	RENAUD, Louis.	400	46	appelé.	803	06			
		BAUDRY, Auguste.	400	30	appelé.	803	06			
		GIRANDINEAN, J-V	400	83	exempté.	»	»	Casinière, gref.	Reliquet, not.	»
		GIRANDINEAN, L.	400	65	exempté.	»	»			
		GUILLON, Martin.	400	7	exempté.	»	»			
		DENIAN, Eustache.	400	55	appelé.	803	06			
		PRIOU, Jean.	400	41	appelé.	803	06			
	Vallet.	Néant.	»	»	»	»	»	André, propr.	Vallin, n. au L.	»
	Vertou.	id.	»	»	»	»	»	Bernède, prop.	»	»
	Ancenis.	id.	»	»	»	»	»	»	»	»
	Champtoceaux.	BELLION, François.	500	100	exempté.	»	»	Lafon, à Anc.	Préau, notaire.	»
	Ligné.	Néant.	»	»	»	»	»	»	»	non organisé.
	Riaillé.	id.	»	»	»	»	»	»	»	id.
	S.-Mars-la-Jaille	id.	»	»	»	»	»	»	»	id.
	Varades.	id.	»	»	»	»	»	»	»	id.
	Chateaubr.	id.	»	»	»	»	»	»	»	id.
	Derval.	id.	»	»	»	»	»	Jambu, gref.	»	»
	Moisdon.	id.	»	»	»	»	»	Frangeul, prop.	»	»
	Nort.	id.	»	»	»	»	»	Guérin, prop.	Dupas, not.	»
	Nozay.	id.	»	»	»	»	»	»	»	non organisé.
	Rougé.	id.	»	»	»	»	»	»	»	id.
	S-Julien de Vou.	id.	»	»	»	»	»	Portier, gref.	Hougron, not.	»
	Paimbœuf.	id.	»	»	»	»	»	Pailler, gref.	Gouin, notaire.	»
	Bourgneuf.	MARBEUF, Pierre-B	600	36	exempté.	»	»	Pailler, à Paim.	Millaud, not.	»
	Le Pellerin.	MOQUET, Jules.	400	102	exempté.	»	»	Barbet, notaire.	Barbet, not.	»
	Pornic.	MOURAUD, Jean-M.	400	55	exempté.	»	»	Pailler, à Paim.	Thibaud, not.	»
	St-Père-en-Retz.	Néant.	»	»	»	»	»	Michaud, gref.	»	»
	Savenay.	id.	»	»	»	»	»	»	»	non organisé.
	Blain.	id.	»	»	»	»	»	»	»	id.
	Le Croisic.	id.	»	»	»	»	»	»	»	id.
	Guéméné.	DEBRUC, Marie-A.	300	68	exempté.	»	»	Dubourg.	Heuzé, not.	»
	Guérande.	GEFFROY DE VILL.	400	125	exempté.	»	»	Rolland , gref. à Guérande.	De Bregeot, not	»
	Guérande.	LEGAL, Pierre-M.	400	67	exempté.	»	»			
	Le Croisic.	LEHUÉDÉ, Jean-M.	400	20	exempté.	»	»			
	Herbignac.	Néant.	»	»	»	»	»	»	»	non organisé
	Pont-Château.	id.	»	»	»	»	»	»	»	id.
	S-Etienne-de-M.	id.	»	»	»	»	»	»	»	id.
	Saint-Gildas.	id.	»	»	»	»	»	»	»	id.
	Saint-Nazaire.	id.	»	»	»	»	»	»	»	id.
	Saint-Nicolas.	LEGLAND, Julien.	400	53	appelé.	803	06	Bernède, prop.	»	»
		A report.	283,300	»	»	278,448	38			

LOIRET. LOT.

Départements	Canton où le Souscripteur a concouru au tirage au sort.	Noms et prénoms des Souscripteurs.	Montant de la souscription.	N° échu au tirage au Souscripteur.	Résultat des décisions du Conseil de révision touchant le Souscripteur.	Somme brute revenant au Souscripteur frappé par le sort.		Noms et qualités de MM. les Directeurs qui ont reçu la souscription.	de MM. les Dépositaires des fonds de l'Association.	Observations.
		Report.	283,300	»	»	278,448	38	»	»	»
	Orléans.	Néant.	»	»	»	»	»	Maignet, colon.	Bigot, notaire.	»
	Artenay.	id.	»	»	»	»	»	Picasnon, gref.	Nivard, not.	»
	Beaugency.	id.	»	»	»	»	»	Ory, huissier.	De Chalais, b.	»
	Châteauneuf.	id.	»	»	»	»	»	Metais, huis.	»	»
	Cléry.	Hume, Aug.-Tous.	300	21	appelé.	604	51	Leclerc, gref.	Fustier, not.	»
		Guyard, C.-Hon.	200	26	exempté.	»	»			
		Gouchault, J.-P.	300	18	appelé.	604	51			
		Montigny, J.-Bap.	300	37	exempté.	»	»			
	La Ferté-S-Aub.	Mabout, Auguste.	500	28	appelé.	997	41	Maignet, col.	»	»
	Jargeau.	Néant.	»	»	»	»	»	Farnault, gref.	Desbordes, not.	»
	Meung.	id.	»	»	»	»	»	Pélé, huissier.	Julien, not.	»
	Neuville.	Pelletier, L.-A.	400	57	exempté.	»	»	Bluté, greffier.	Bluté, greffier.	»
Loiret.	Patay.	Hateau, P.-Léon.	200	21	appelé.	403	74	Gajon, notaire.	Gajon, not.	»
		Beauvillain, J-T.	500	49	exempté.	»	»			
		Jouin, Louis-Alp.	300	12	appelé.	604	51			
		Guillon, Jean-P.	300	31	appelé.	604	51			
		Chambeslin, Pas.	600	57	exempté.	»	»			
		Debrée, Jean-Jac.	500	34	exempté.	»	»			
		Grenet, Narcisse.	300	16	appelé.	604	51			
		Daguet, Aim.-C.	500	7	appelé.	997	41			
	Gien.	Néant.	»	»	»	»	»	Gallien, prop.	Legros, not.	»
	Briare.	id.	»	»	»	»	»	»	»	non organisé.
	Châtillon-s-Loir	id.	»	»	»	»	»	»	»	id.
	Ouzouer-s-Loire	id.	»	»	»	»	»	Carré, greffier.	»	»
	Sully.	id.	»	»	»	»	»	»	»	non organisé.
	Montargis.	id.	»	»	»	»	»	Rouard, agent.	De Birague, n.	»
	Bellegarde.	id.	»	»	»	»	»	Demersay, gr.	»	»
	Château-Renard	id.	»	»	»	»	»	»	»	non organisé.
	Châtillon-sur-L.	id.	»	»	»	»	»	Paulmier, gref.	Jalouzet, not.	»
	Courtenay.	id.	»	»	»	»	»	Chotard, gref.	»	»
	Ferrières.	Daix, Pierre-Félix.	500	50	exempté.	»	»	Piequois, huis.	Gandouard, n.	»
	Lorris.	Néant.	»	»	»	»	»	Prochasson, g.	»	»
	Pithiviers.	id.	»	»	»	»	»	Desbois, gref.	»	»
	Beaune-la-Rol.	id.	»	»	»	»	»	Chappeau, gref.	»	»
	Malesherbes.	id.	»	»	»	»	»	Roulleau, gref.	»	»
	Outarville.	id.	»	»	»	»	»	»	»	non organisé.
	Puiseaux.	id.	»	»	»	»	»	Luche, gref.	»	»
	Cahors.	Néant.	»	»	»	»	»	»	»	non organisé.
	Castelnau.	id.	»	»	»	»	»	»	»	id.
	Catus.	id.	»	»	»	»	»	»	»	id.
	Cazals.	id.	»	»	»	»	»	»	»	id.
	L'Albenque.	id.	»	»	»	»	»	Dubarreau, g.	Gayette, not.	»
	Lauzès.	id.	»	»	»	»	»	»	»	non organisé.
	Limogne.	id.	»	»	»	»	»	»	»	id.
Lot.	Luzech.	id.	»	»	»	»	»	»	»	id.
	Montcuq.	id.	»	»	»	»	»	»	»	id.
	Puy-l'Evêque.	id.	»	»	»	»	»	Rey, greffier à Puy-l'Evêque.	Mercié, not.	»
	Cazals.	Segol, Pierre.	600	7	appelé.	1,178	47			
	Saint-Géry.	Néant.	»	»	»	»	»	»	»	non organisé.
	Figeac.	id.	»	»	»	»	»	»	»	id.
	Bretenoux.	id.	»	»	»	»	»	Pradelle, gref.	»	»
	Cajarc.	id.	»	»	»	»	»	»	»	non organisé.
	La Capelle.	id.	»	»	»	»	»	»	»	id.
	Livernon.	id.	»	»	»	»	»	»	»	id.
		A reporter.	289,600	»	»	285,047	96			

LOT. LOT-ET-GARONNE. LOZÈRE.

Départements.	Canton où le Souscripteur a concouru au tirage au sort.	Noms et Prénoms des Souscripteurs.	Montant de la souscription.	N° échu au tirage au Souscripteur.	Résultat des décisions du Conseil de révision touchant le Souscripteur.	Somme brute revenant au Souscripteur frappé par le sort.		Noms et Qualités de MM. les Directeurs qui ont reçu la Souscription.	de MM. les Dépositaires des fonds de l'Association.	Observations.
		Report.	289,600	»	»	285,047	96	»	»	»
Lot.	Saint-Céré.	Néant.	»	»	»	»	»	»	»	non organisé.
	La Tronquière.	id.	»	»	»	»	»	»	»	id.
	Gourdon.	id.	»	»	»	»	»	»	»	id.
	La Bastide.	id.	»	»	»	»	»	»	»	id.
	Gramat.	id.	»	»	»	»	»	»	»	id.
	Martel.	CIRGAL, Pierre.	100	55	appelé.	201	68	Rupin, gref.	Soliniac, not.	»
		LOURADOUR, J.-M.	300	6	appelé.	604	51			
		VERDIER, Louis.	100	97	exempté.	»	»			
	Payrac.	Néant.	»	»	»	»	»	Espitallié, ex-h.	»	»
	Saint-Germain.	id.	»	»	»	»	»	»	»	non organisé.
	Salviac.	id.	»	»	»	»	»	»	»	id.
	Souillac.	id.	»	»	»	»	»	Lamémoire, g.	»	»
	Vayrac.	id.	»	»	»	»	»	»	»	non organisé.
Lot-et-Garonne.	**Agen**.	Néant.	»	»	»	»	»	Durand, direct.	»	»
	Astaffort.	id.	»	»	»	»	»	»	»	non organisé.
	Beauville.	id.	»	»	»	»	»	»	»	id.
	La Plume.	id.	»	»	»	»	»	»	»	id.
	Port Ste-Marie.	id.	»	»	»	»	»	Brisson, gref. à	»	»
	Lavardac.	MOUREAU, J.-A.	500	45	appelé.	997	41	Port-Ste-Marie.	»	»
	Prayssas.	Néant.	»	»	»	»	»	»	»	non organisé.
	Puymirol.	id.	»	»	»	»	»	»	»	id.
	La-Roque-Tim.	id.	»	»	»	»	»	»	»	id.
	Marmande.	id.	»	»	»	»	»	Lespinasse, sec.	»	non organisé.
	Bouglon.	id.	»	»	»	»	»	»	»	id.
	Castel-Moron.	id.	»	»	»	»	»	»	»	id.
	Duras.	id.	»	»	»	»	»	»	»	id.
	Lauzun.	id.	»	»	»	»	»	»	»	id.
	Mas-d'Agenais	id.	»	»	»	»	»	»	»	id.
	Meilhan.	id.	»	»	»	»	»	»	»	id.
	Seyches.	id.	»	»	»	»	»	»	»	id.
	Tonneins.	id.	»	»	»	»	»	»	»	id.
	Nérac.	id.	»	»	»	»	»	»	»	id.
	Castel-Jaloux.	id.	»	»	»	»	»	»	»	id.
	Damazan.	id.	»	»	»	»	»	»	»	id.
	Francescas.	id.	»	»	»	»	»	»	»	id.
	Houeilles.	id.	»	»	»	»	»	»	»	id.
	Lavardac.	id.	»	»	»	»	»	»	»	id.
	Mezin.	id.	»	»	»	»	»	»	»	id.
	Villen.-d'A.	id.	»	»	»	»	»	»	»	id.
	Cancon.	id.	»	»	»	»	»	»	»	id.
	Castillonès.	DELMAS, Jean.	200	73	exempté.	»	»	Molenié, gref.	Lagarrigue, n.	»
		DELPECH, Félix.	500	5	appelé.	997	41			
	Fumel.	Néant.	»	»	»	»	»	»	»	non organisé.
	Monclar.	id.	»	»	»	»	»	Lafaurie, gref.	»	»
	Monflanquin.	id.	»	»	»	»	»	»	»	non organisé.
	Penne.	id.	»	»	»	»	»	»	»	id.
	Sainte-Livrade.	id.	»	»	»	»	»	»	»	id.
	Tournon.	id.	»	»	»	»	»	»	»	id.
	Villeréal.	id.	»	»	»	»	»	Bonfilh, greffier.	Labatut, not.	»
Lozère.	**Mende**.	Néant.	»	»	»	»	»	Gaillard, empl.	»	»
	Bleymard.	GILLES, Auguste.	300	21	appelé.	604	51	Rouvière, gref.	Laviniolle, not.	»
		BOISSET, Jean-Bap.	300	36	exempté.	»	»			
	Châteauneuf.	Néant.	»	»	»	»	»	»	»	non organisé.
	Grandrieu.	id.	»	»	»	»	»	»	»	id.
		A reporter.	291,900	»	»	288,453	48			

LOZÈRE. MAINE-ET-LOIRE.

DÉPARTEMENTS	Souscripteur a concouru au tirage au sort.	PRÉNOMS des SOUSCRIPTEURS.	de la souscription.	tirage au Souscripteur.	Décision du Conseil de révision touchant le Souscripteur.	au Souscripteur frappé par le sort.		de MM. les Directeurs qui ont reçu la souscription.	de MM. les Dépositaires des fonds de l'Association.	Observations.
		Report.	291,900	»	»	288,453	48	»	»	»
Lozère.	Langogne.	Néant.	»	»	»	»	»	»	»	»
	Saint-Amans.	id.	»	»	»	»	»	»	»	non organisé.
	Villefort.	id.	»	»	»	»	»	Brignet, gref.	Vidal, notaire.	id.
	Florac.	id.	»	»	»	»	»	Boyer, notaire.	»	»
	Barre.	id.	»	»	»	»	»	»	»	non organisé.
	Meyrueis.	JULHER, François,	100	13	appelé.	201	68	Valès, greffier.	Valibhouse, n.	»
		LAGET Jacques-L.	900	18	exempté.	»	»			
		RUAS, Calixte.	200	11	appelé.	403	74			
		AVESQUE, Laurent.	200	6	appelé.	403	74			
	Pont-de-Montv.	Néant.	»	»	»	»	»	Teissier, gref.	Rouvière, not.	»
	Sainte-Enimie.	COUDERC, P.-J.	300	25	exempté.	»	»	Paradan, prop.	Paradan, not,	»
		PARADAN, J.-H.	500	35	exempté.	»	»			
		BOSC, Guillaume.	200	46	exempté.	»	»			
		DUFOUR, Bazile.	100	48	exempté.	»	»			
		MEJEAN, Pierre.	300	11	appelé.	604	51			
	Saint-George.	Néant.	»	»	»	»	»	»	»	non organisé
	S-Germ.-de-Cal.	id,	»	»	»	»	»	»	»	id.
	Marvejols.	FABRE, J.-Jacques.	400	59	appelé.	803	06	Richard, secrét. de la mairie.	Martin, notaire	»
		CHARBONNIER, J.	500	6	appelé.	997	41			
		CRESPIN, Camille.	500	29	appelé.	997	41			
		ROUSSET, Pierre.	300	71	exempté.	»	»			
	Aumont.	Néant.	»	»	»	»	»	»	»	non organisé
	La Canourgue.	id.	»	»	»	»	»	»	»	id.
	Chanac.	id.	»	»	»	»	»	»	»	id.
	Fournels.	id.	»	»	»	»	»	»	»	id.
	Le Malzieu.	id.	»	»	»	»	»	»	»	id.
	Nasbinals.	id.	»	»	»	»	»	»	»	id.
	Saint-Chely,	id.	»	»	»	»	»	»	»	id.
	St-Germ.-du-T.	PREGET, André.	300	27	appelé.	604	51	Plantin, gref.	Plantin, not.	»
	La Canourgue.	PUEL, Jean-Ant.	200	41	exempté.	»	»			»
	Serverette.	ROLAND , Jean-P.	600	16	appelé.	1,178	47	Vincens, gref.	»	»
Maine-et-Loire.	**Angers** (N. E)	GUÉRIN, Jos.-L.	500	112	exempté.	»	»	Boreau-Deslandes, secrétaire de la mairie, à Angers.	Hébert de la Rousselière, notaire.	»
		RENAULT, Jean-T.	800	129	exempté.	»	»			
		POTERAIS, Léandre	600	10	exempté.	»	»			
	Angers (N.-O.)	OLLIVIER, A.-E.-A.	800	56	exempté.	»	»			
		FERRAN, Eugène.	500	124	exempté.	»	»			
	Briollay.	PORCHÉ, Louis.	600	13	appelé.	1,178	47			
	S-George-s-L.	CORNILLEAU, Aug.	600	26	appelé.	1,178	47			
	Briollay.	Néant.	»	»	»	»	»	»	»	non organisé
	Chalonnes-s-L.	GODARD, Jean.	600	101	exempté.	»	»	Leroy, gref.	Rousseau, not.	»
	Le-Louroux-B.	Néant.	»	»	»	»	»	»	»	non organisé
	Les-Ponts-deCé	id.	»	»	»	»	»	»	»	id.
	St.-George-s-L.	id.	»	»	»	»	»	Bréchet, gref.	Lair, notaire,	»
	Le Louroux-B.	JOUBERT, Damier.	300	82	exempté.	»	»			»
	Thouarcé.	Néant.	»	»	»	»	»	»	»	non organisé
	Baugé.	BLATIER, H.-Jacq,	600	97	exempté.	»	»	Dornoy, secrét. de la mairie, à Baugé.	Marteau, not.	»
		OUVRARD, Louis.	500	64	appelé.	997	41			
		GILLOT, Réné-L.	400	93	exempté.	»	»			
	Seiches.	FERRON, Pierre.	500	9	appelé.	997	41			
	Beaufort.	Néant.	»	»	»	»	»	»	»	non organisé
	Durtal.	id.	»	»	»	»	»	»	»	id.
	Longué.	id.	»	»	»	»	»	»	»	id.
	Noyant.	id.	»	»	»	»	»	»	»	id.
	Seiches.	id.	»	»	»	»	»	»	»	id.
		À reporter.	304,800	»	»	298,999	77			

MAINE-ET-LOIRE. MANCHE.

Départements.	Canton où le Souscripteur a concouru au tirage au sort.	Noms et Prénoms des Souscripteurs.	Montant de la souscription.	N° échu au tirage au Souscripteur.	Résultat des décisions du Conseil de révision touchant le Souscripteur.	Somme brute revenant au Souscripteur frappé par le sort.		Noms et qualités de MM. les Directeurs qui ont reçu la souscription.	de MM. les Dépositaires des fonds de l'Association.	Observations.
		Report.	304,800	»	»	298,999	77	n	»	»
Maine-et-Loire.	Baupréau.	Néant.	»	»	»	»	»	»	»	non organisé.
	Champtoceaux.	id.	»	»	»	»	»	»	»	id.
	Chemillé.	id.	»	»	»	»	»	»	»	id.
	Cholet.	id.	»	»	»	»	»	»	»	id.
	Montfaucon.	Bretaudeau, H.	700	45	appelé.	13,72	37	Bretaudeau, g.	Jamin, not.	»
	Montrevault.	Néant.	»	»	»	»	»	»	»	non organisé.
	S-Florent-le-V.	Poupard, Désiré.	200	86	appelé.	403	74	Rethoré secr. de la mairie.	Renard, not.	»
		Gagnieux, J.-B.	500	137	exempté.	»	»			
		Menard, Réné.	300	143	exempté.	»	»			
	Bacqueville(S-I)	Courayer, Abel.	200	117	exempté.	»	»			
	Saumur.	Néant.	»	»	»	»	»	Guérin, huiss.	»	»
	Doué.	id.	»	»	»	»	»	Besson, gref.	»	»
	Gennes.	id.	»	»	»	»	»	»	»	non organisé.
	Montreuil-Bel.	id.	»	»	»	»	»	»	»	id.
	Vihiers.	id.	»	»	»	»	»	»	»	id.
	Segré.	id.	»	»	»	»	»	»	»	id.
	Candé.	id.	»	»	»	»	»	»	»	id.
	Chateauneuf.	id.	»	»	»	»	»	»	»	id.
	Le-Lion-d'Ang.	id.	»	»	»	»	»	»	»	id.
	Pouancé.	id.	»	»	»	»	»	»	»	id.
Manche.	Saint-Lo.	Néant.	»	»	»	»	»	»	»	non organisé.
	Canisy.	id.	»	»	»	»	»	»	»	id.
	Carentan.	id.	»	»	»	»	»	»	»	id.
	Marigny.	id.	»	»	»	»	»	»	»	id.
	Percy.	id.	»	»	»	»	»	»	»	id.
	Saint-Clair.	Le Goux de Vaux.	800	2	appelé.	1,558	64	Levard, gref.	Duval, not.	»
		Enée, Pierre.	300	26	appelé.	604	51			
	Balleroy (Calv.)	Gilles, Fidèle.	300	10	appelé.	604	51			
	S-Jean-de-Daye.	Néant.	»	»	»	»	»	»	»	non organisé.
	Tessy.	id.	»	»	»	»	»	Ozenne, gref.	»	»
	Torigny.	id.	»	»	»	»	»	»	»	non organisé.
	Avranches.	id.	»	»	»	»	»	»	»	id.
	Breccy.	id.	»	»	»	»	»	»	»	id.
	Ducey.	Yger, Gilles-Jean.	1000	68	appelé.	2,029	75	Dubreil, gref.	Baron, not.	»
	Granville.	Néant.	»	»	»	»	»	»	»	non organisé.
	La-Haye-Pesnel.	id.	»	»	»	»	»	Delaporte-Font.	Nelet, notaire.	»
	Pontorson.	id.	»	»	»	»	»	»	»	non organisé.
	Saint-James.	id.	»	»	»	»	»	Gautier, gref.	»	»
	Sartilly.	id.	»	»	»	»	»	Héon, greffier.	Ballois, not.	»
	Villedieu.	id.	»	»	»	»	»	»	»	non organisé.
	Cherbourg.	Meigret, Ed.-A.	700	56	exempté.	»	»	Rondeau, prop.	Morin, notaire.	»
	Beaumont.	Néant.	»	»	»	»	»	»	»	non organisé.
	Octeville.	id.	»	»	»	»	»	»	»	id.
	Les-Pieux.	id.	»	»	»	»	»	»	»	id.
	S-Pierre-Eglise.	id.	»	»	»	»	»	»	»	id.
	Coutances.	id.	»	»	»	»	»	»	»	id.
	Bréhal.	Legallet, F.-P.	600	60	exempté.	»	»	Desponts, gref.	Delepault, not.	»
		Bindault, L.-C.	600	77	exempté.	»	»			
	Cerisy-la-Salle.	Néant.	»	»	»	»	»	Piel, greffier.	»	»
	Gavray.	id.	»	»	»	»	»	»	»	non organisé.
	La-Haye-du-P.	id.	»	»	»	»	»	»	»	id.
	Lessay.	id.	»	»	»	»	»	Campain, gref.	»	»
	Montmartin-s-M	id.	»	»	»	»	»	»	»	non organisé.
	Perriers.	id.	»	»	»	»	»	»	»	id.
		A reporter.	311,000	»	»	305,573	29			

MANCHE. MARNE.

Départements.	CANTON où le Souscripteur a concouru au tirage au au sort.	NOMS et PRÉNOMS des SOUSCRIPTEURS.	Montant de la souscription.	N° échu au tirage au Souscripteur.	Résultat des décisions du Conseil de révision touchant le Souscripteur.	SOMME brute revenant au Souscripteur frappé par le sort.		NOMS ET QUALITÉS de MM. les Directeurs qui ont reçu la souscription.	de MM. les Dépositaires des fonds de l'Association.	Observations.
		Report. .	311,000	»	»	305,573	29	ʌ	»	»
	S-Malo-de-la-L.	Néant.	»	»	»	»	»	»	»	»
	S.-Sauveur-L.	id.	»	»	»	»	»	»	»	non organisé.
	Mortain.	id.	»	»	»	»	»	Pinot, greffier.	»	id.
	Barenton.	id.	»	»	»	»	»	»	»	»
	Isigny.	id.	»	»	»	»	»	Davalis, gref.	»	non organisé.
	Juvigny.	id.	»	»	»	»	»	»	»	»
	S-Hilaire-du-H.	Moissy, Pierre.	300	3	appelé.	604	51	Boiton, gref.	Anger, notaire.	non organisé.
	Saint-Pois.	Néant.	»	»	»	»	»	»	»	»
		Vaullegeard, E.	300	53	appelé.	604	51			
		Bazin, J.-M.-V.	700	58	appelé.	1,372	37			
	Sourdeval.	Noel, Th.-Léon.	300	75	exempté.	»	»	Millet, greffier.	Lorrier, maire.	»
		Lemonnier, V.-A.	100	51	appelé.	201	68			
		Salles, A.-Franç.	300	55	appelé.	604	51			
	Le Teilleul.	Néant.	»	»	»	»	»	»	»	non organisé.
	Valognes.	id.	»	»	»	»	»	Mouchel, sec.	»	»
	Barneville.	id.	»	»	»	»	»	»	»	non organisé.
	Briquebec.	id.	»	»	»	»	»	»	»	id.
	Montebourg.	id.	»	»	»	»	»	»	»	id.
	Quettehou.	id.	»	»	»	»	»	Leseul, gref.	»	»
	Ste Mère Eglise.	id.	»	»	»	»	»	»	»	non organisé.
	Saint-Sauveur.	id.	»	»	»	»	»	»	»	id.
	Chalons-s-M.	Néant.	»	»	»	»	»	Houbin, empl.	Ecoutin, not.	»
		Guerrin, Mathi.	600	56	exempté.	»	»			
	Ecury-s-Coole.	Henriet, P.-I.	600	12	appelé.	1,178	47	Houbin, employé à la mairie, à Châlons.	Ecoutin, not. à Châlons.	»
		Jacquier, C.-T.	600	34	appelé.	1,178	47			
	Marson.	Delaval, C.-D.	700	25	appelé.	1,372	37			
	Suippes.	Néant.	»	»	»	»	»	Houbin, à Châl.	Bureau, not.	»
	Vertus.	id.	»	»	»	»	»	Chenayer, clerc.	Dominguez, n.	»
	Epernay.	Gourdier, J.-F.	500	64	exempté.	»	»	Leboucq, secrétaire de la mairie à Epernay.		
		Morel, J.-B.	500	59	appelé.	997	41			
	Avize.	Soulès, E.-A.	300	56	exempté.	»	»		Quinquet, not.	»
		Miltat, Joseph.	500	18	exempté.	»	»			
	Anglure.	Matthieu, S.-A.	300	16	appelé.	604	51	Leclerc, gref.	Thiénot. not.	»
	Avize.	Néant.	»	»	»	»	»	»	»	non organisé.
	Dormans.	id.	»	»	»	»	»	Prin, greffier.	»	»
	Esternay.	id.	»	»	»	»	»	Garnier, gref.	»	»
	Fère-Champen.	id.	»	»	»	»	»	»	»	non organisé.
		Losdat, L.-A.	500	69	exempté.	»	»			
	Montmirail.	Masson, L.-N.	600	37	exempté.	»	»	Casset, huiss.	Pillet, notaire.	»
		Losdat, M.-A.-A.	300	94	exempté.	»	»			
	Montmaur.	Néant.	»	»	»	»	»	»	»	non organisé.
		Poirrier, V.-Z.	400	27	appelé.	803	06			
		Hénault, R.L.H.	200	34	exempté.	»	»			
		Gastebois, Alexis.	400	14	exempté.	»	»			
	Sezanne.	Regnart, J.-L.	500	121	exempté.	»	»	Ploix, greffier.	Theuveny, not.	»
		Vinot, A.-N.	400	113	exempté.	»	»			
		Talon, Hyppolitte.	700	35	appelé.	1,372	37			
		Durand, Denis.	700	103	exempté.	»	»			
	Reims.	Néant.	»	»	»	»	»	Georgin, rent.	»	»
	Ay.	id.	»	»	»	»	»	Louis, greffier.	»	»
	Beine.	id.	»	»	»	»	»	Morlet, propr.	»	»
	Bourgogne.	id.	»	»	»	»	»	»	»	non organisé.
	Châtillon-s.-M.	Bouillard, N.-I.	500	27	appelé.	997	41	Remy, médec.	»	»
	Fismes.	Néant.	»	»	»	»	»	Chartogne, h.	»	»
		À reporter. .	322,800	»	»	317,464	94			

The left-hand departement column reads **Manche.** (upper group) and **Marne.** (lower group).

MARNE. HAUTE-MARNE. MAYENNE.

DÉPARTEMENTS.	CANTON où le Souscripteur a concouru au tirage au sort.	NOMS et PRÉNOMS des SOUSCRIPTEURS.	Montant de la souscription.	Nº échu au tirage au Souscripteur.	Résultat des décisions du Conseil de révision touchant le Souscripteur.	SOMME brute revenant au Souscripteur frappé par le sort.		NOMS ET QUALITÉS de MM. les Directeurs qui ont reçu la souscription.	de MM. les Dépositaires des fonds de l'association.	Observations.
		Report. .	322,800	»	»	317,464	94	»	»	»
Marne.	Verzy.	Philippe, Nic.-Al.	200	6	appelé.	403	74	Lemot-Drouet, greffier.	Lanson, notaire à Rilly.	»
		Lemot, Fr.-J.-Mel.	600	78	exempté.	»	»			»
	Ville-en-Tard.	Néant.	»	»	»	»	»	Appert, prop.	»	»
	S-Menehoul.	id.	»	»	»	»	»	Musset, huiss.	Millard, not.	»
	Dommartin-s-Y.	id.	»	»	»	»	»	»	»	non organisé.
	Ville-s-Tourbe.	id.	»	»	»	»	»	»	»	id.
	Vitry-le-Fr.	Richez, Honoré-D.	500	23	appelé.	997	41	Deschiens, pro.	»	»
	Heiltz-le-Mau.	Néant.	»	»	»	»	»	Piat, greffier.	»	»
	S-Remy-en-B.	id.	»	»	»	»	»	Matthieu, gref.	»	»
	Sompuis.	id.	»	»	»	»	»	Lacroix, gref.	»	»
	Thiéblemont.	id.	»	»	»	»	»	Renard, prop.	Pillard, notaire.	»
Haute-Marne.	**Chaumont.**	Néant.	»	»	»	»	»	Picard, clerc.	»	»
	Andelot.	Dupuis, Henry.	200	53	exempté.	»	»	Masson, gref.	Millot, notaire.	»
	Arc-en-Barrois.	Néant.	»	»	»	»	»	»	»	non organisé.
	Bourmont.	id.	»	»	»	»	»	»	»	id.
	Chateau-Villain.	id.	»	»	»	»	»	»	»	id.
	Clefmont.	id.	»	»	»	»	»	»	»	id.
	Juzennecourt.	id.	»	»	»	»	»	Consigny, gref.	Duchène, not.	»
	Nogent-le-Roi.	id.	»	»	»	»	»	»	»	non organisé.
	Saint-Blin.	id.	»	»	»	»	»	»	»	id.
	Vignory.	id.	»	»	»	»	»	»	»	id.
	Langres.	id.	»	»	»	»	»	»	»	id.
	Auberive.	id.	»	»	»	»	»	»	»	id.
	Bourbonne.	id.	»	»	»	»	»	»	»	id.
	Le Fayl-Billot.	Massin, Louis-Aug.	400	63	exempté.	»	»	Frairrot, prop.	Evrard, notaire.	»
	La Ferté-s-Am.	Néant.	»	»	»	»	»	»	»	non organisé.
	Longeau.	id.	»	»	»	»	»	Cordival, prop.	Benoist, not.	»
	Montigny-le-R.	id.	»	»	»	»	»	»	»	non organisé.
	Neuilly-l'Evèq.	id.	»	»	»	»	»	»	»	id.
	Prauthoy.	Girardot, Nicol.	200	20	appelé.	403	74	Pasquelle, gref.	Pillenet, not.	»
		Robinet, Marcelin	200	71	exempté.	»	»			
	Varennes.	Néant.	»	»	»	»	»	»	»	non organisé.
	Vassy.	id.	»	»	»	»	»	»	»	id.
	Chevillon.	id.	»	»	»	»	»	Charles, gref.	»	»
	Doulaincourt.	Cosson, Jean-Bapt.	200	20	appelé.	403	74	Marangé, gref.	Pasquier, not.	»
		Paturet, Laurent.	100	32	appelé.	201	68			
		Evrard, Jean.	100	8	appelé.	201	68			
	Doulevant.	Marchand, E.-N.	200	61	exempté.	»	»	Dufour, gref.	Gény, not.	»
	Joinville.	Néant.	»	»	»	»	»	»	»	non organisé.
	Montierender.	id.	»	»	»	»	»	»	»	id.
	Poissans.	Fontaine, Ch.-Jos.	300	48	appelé.	604	51	Minette, gref.	Moussy, not.	»
	Saint-Dizier.	Néant.	»	»	»	»	»	Leclerc, gref.	Heraux, not.	»
Mayenne.	**Laval.**	Néant.	»	»	»	»	»	Manisse, not.	»	»
	Argentré.	id.	»	»	»	»	»	»	»	non organisé.
	Chailland.	id.	»	»	»	»	»	»	»	id.
	Evron.	Baron, Félix-Vict.	500	115	exempté.	»	»	Trouillard, g.	Launay, not.	»
		Richard, Auguste.	400	26	appelé.	803	06			
	Loiron.	Néant.	»	»	»	»	»	Gérard, gref.	Lancelle, not.	»
	Meslay.	Eveillard, Réné.	300	99	exempté.	»	»	Archambault, g.	Barouille, not.	»
		Bodinier, Ed.-J.	500	7	appelé.	997	41			
	Montsurs.	Néant.	»	»	»	»	»	»	»	non organisé.
	Ste-Suzanne.	id.	»	»	»	»	»	Milet, greffier.	»	»
	Chateau-G.	id.	»	»	»	»	»	»	»	non organisé
		A reporter. .	327,700	»	»	322,481	91			

6

MAYENNE. MEURTHE. MEUSE.

Départements.	Canton où le Souscripteur a concouru au tirage au sort.	Noms et Prénoms des Souscripteurs.	Montant de la souscription.	N° échu au tirage au Souscripteur.	Résultat des décisions du Conseil de révision touchant le Souscripteur.	Somme brute revenant au Souscripteur frappé par le sort.		Noms et Qualités de MM. les Directeurs qui ont reçu la souscription.	de MM. les Dépositaires des fonds de l'Association.	Observations.
		Report. .	327,700	»	»	322,481	91	»	»	»
Mayenne.	Bierné.	Briquit, Henri-L.	600	54	exempté.	»	»	Barouille, gref.	Penil, notaire.	»
		Fillon, Léandre-Y	700	18	appelé.	1 372	37			
	Cossé-le-Vivien.	Néant.	»	»	»	»	»	»	»	non organisé.
	Craon.	id.	»	»	»	»	»	»	»	id.
	Grez-en-Bouèr.	id.	»	»	»	»	»	Rivier, greffier.	»	»
	S-Agnan-s-Roe.	id.	»	»	»	»	»	»	»	non organisé.
	Mayenne (o.)	Cretois, Joseph.	600	33	appelé.	1,178	47	Piquet, rent. à	»	»
	Gorron.	Guerrier, Julien.	600	2	appelé.	1,178	47	Mayenne.	»	
	Ambrières.	Néant.	»	»	»	»	»	»	»	non organisé.
	Bais.	Cherbonneau, J.	500	61	appelé.	997	41	Guibé greffier.	Paysant, not.	»
		Maignan, Michel.	500	83	exempté.	»	»			
	Couptrain.	Ragaigne, Julien.	300	100	exempté.	»	»	Champion, gr.	Maubert, no .	»
		Salard, Victor.	300	110	exempté.	»	»			
	Ernée.	Néant.	»	»	»	»	»	Pottier, gref.	Pottier, not.	»
	Goron.	id.	»	»	»	»	»	»	»	non organisé.
	Le Horps.	id.	»	»	»	»	»	Fourgeray, gr.	»	»
	Landivy.	id.	»	»	»	»	»	Hamon, gref.	»	»
	Lassay.	Barrier, Jacques.	600	22	appelé.	1,178	47	Jouanneaux, g.	»	»
	Prez-en-Pail.	Guille, Julien.	400	74	exempté.	»	»	Vital-Duclos, g.	Reynault, not.	»
	Villaine.	Néant.	»	»	»	»	»	»	»	non organisé.
Meurthe.	Nancy.	Néant.	»	»	»	»	»	Petit-Didier, c.	Michel, notaire.	»
	Haroué.	id.	»	»	»	»	»	»	»	non organisé.
	Nomeny.	id.	»	»	»	»	»	»	»	id.
	Pont-à-Mousson	Perrin, Joseph.	300	178	exempté.	»	»	Perrin, ex-s-m.	Stique. notaire.	»
	Saint-Nicolas.	Néant.	»	»	»	»	»	»	»	non organisé.
	Vézélise.	id.	»	»	»	«	»	»	»	»
	Harouë.	Claude, Augustin.	500	15	appelé.	997	41	Carbon, gref.	Jacquot, not.	»
	Château-Sal	Néant.	»	»	»	»	»	Broquard, gr.	»	»
	Albestroff.	id.	»	»	»	»	»	Houpert, gref.	»	»
	Delme.	id.	»	»	»	»	»	»	»	non organisé.
	Dieuze.	id.	»	»	»	»	»	Renaut, secrét.	»	»
	Vic.	Bazaille, Jean-P.	600	31	appelé.	1,178	47			
		Estienne. Louis-L	500	21	appelé.	997	41	Marcel, secrét.	Thomy, not.	»
		Dieulin, Charles.	500	42	exempté.	»	»			
	Lunéville.	Néant.	»	»	»	»	»	»	»	non organisé.
	Baccarat.	id.	»	»	»	»	»	Aubry, greffier.	Gridel, not.	»
	Bayon.	id.	»	»	»	»	»	»	»	non organisé.
	Blamont.	id.	»	»	»	»	»	»	»	id.
	Gerbéviller.	id.	»	»	»	»	»	»	»	id.
	Sarrebourg.	id.	»	»	»	»	»	»	»	id.
	Fénétrange.	id.	»	»	»	»	»	»	»	id.
	Lorquin.	id.	»	»	»	»	»	Parmentier, sec.	»	»
	Phalsbourg.	id.	»	»	»	»	»	»	»	non organisé.
	Rechicourt.	id.	»	»	»	»	»	»	»	id.
	Toul.	id.	»	»	»	»	»	»	»	id.
	Colombey.	id.	»	»	»	»	»	Barvazant, gr.	»	»
	Domèvre.	id.	»	»	»	»	»	»	»	non organisé.
	Thiaucourt.	id.	»	»	»	»	»	»	»	id.
Meuse.	Bar-le-Duc.	Néant.	»	»	»	»	»	Guillaume, sec.	»	»
	Ancerville.	id.	»	»	»	»	»	»	»	non organisé.
	Ligny.	id.	»	»	»	»	»	»	»	id.
	Montier-s-Saulx	id.	»	»	5	»	»	»	»	id.
	Revigny.	id.	»	»	»	»	»	Baudot, gref.	Corda, notaire.	»
	Triaucourt.	id.	»	»	»	»	»	»	«	non organisé.
		A reporter. .	335,200	»	»	331,560	39			

DÉPARTEMENTS.	CANTON où le Souscripteur a concouru au tirage au sort.	NOMS et PRÉNOMS des SOUSCRIPTEURS.	Montant de la souscrip-tion.	N° échu au ti-rage au Sous-crip-teur.	Résultat des décisions du Conseil de révision touchant le Sous-cripteur.	SOMME brute revenant au Sous-cripteur frappé par le sort.		NOMS ET PRÉNOMS de MM. les Directeurs qui ont reçu la souscription.	de MM. les Dépositaires des fonds de l'Association.	Observations.
		Report. .	335,200	»	»	331,560	39	»	»	»
	Vaubecourt.	Néant.	»	»	»	»	»	»	»	non organisé.
	Vavincourt.	id.	»	»	»	»	»	»	»	id.
	Commercy.	id.	»	»	»	»	»	Davion, gref.	»	»
	Gondrecourt.	Frussotte, Mic.-N	300	11	appelé.	604	51	Greslot, gref.	Greslot, gref.	»
		Soyez, Claude.	200	52	exempté.	»	»			
		Bemont, Joseph.	100	3	appelé.	201	68			
	Pierrefitte.	Néant.	»	»	»	»	»	Jennesson, gr.	»	»
	Saint-Mihiel.	id.	»	»	»	»	»	Ligier, gref.	»	»
	Vaucouleur.	id.	»	»	»	»	»	Voisin, greffier.	»	»
	Vigneulles.	id.	»	»	»	»	»	De Manheulle.	»	»
Meuse.	Void.	id.	»	»	»	»	»	»	»	non organisé.
	Montmédy.	id.	»	»	»	»	»	»	»	id.
	Damvillers.	id.	»	»	»	»	»	»	»	id.
	Dun.	id.	»	»	»	»	»	»	»	id.
	Montfaucon.	id.	»	»	»	»	»	»	»	id.
	Spincourt.	id.	»	»	»	»	»	»	»	id.
	Stenay.	Adnesse, Jean-M-V	500	104	exempté.	»	»	Sartelet, nég.	Jodin, notaire.	»
		Degalle, Charles.	600	136	exempté.	»	»			
	Verdun.	Delaforge, F-N-P	600	106	exempté.	»	»	Briclot, sec. de la mairie.	Briclot.	»
		Roussel, Francois.	600	9	appelé.	1,178	47			
	Etain.	George, Ed.-V-N.	400	43	appelé.	803	06			
	Charny.	Néant.	»	»	»	»	»	»	»	non organisé.
	Clermont.	id.	»	»	»	»	»	Fiaux, greffier.	»	»
	Etain.	id.	»	»	. »	»	»	Hayart, gref.	»	»
	Fresnes.	id.	»	»	»	»	»	Noviant, huis.	»	»
	Souilly.	id.	»	»	»	»	»	»	»	non organisé.
	Varennes.	id.	»	»	»	»	»	»	»	id.
	Vannes.	Néant.	»	»	»	»	»	Lubert, gref.	Glais, notaire.	»
		Le Cointre, Jean.	100	35	appelé.	201	68			
		Le Cointre, Julien	200	21	appelé.	403	74			
		Gilet, Pierre.	100	58	exempté.	»	»			
	Allaire.	Echelard, Jos.-M	100	4	appelé.	201	68	Paris, greffier.	Macé, notaire, à Rieux.	»
		Provot, Jean-M.	200	48	exempté.	»	»			
		Le Lièvre, Mclain	100	31	exempté.	»	»			
		Piraud, Olivier-M.	200	45	appelé.	403	74			
	Carentoir.	Néant.	»	»	»	»	»	Eoche-Duval.	»	»
	Elven.	id.	»	»	»	»	»	»	»	non organisé.
	Grandchamp.	id.	»	»	»	»	»	»	»	id.
	Muzillac.	id.	»	»	»	»	»	»	»	id.
Morbihan.	Questember.	id.	»	»	»	»	»	»	»	id.
	La-Roche-Ber.	id.	»	»	»	»	»	Roux, greffier.	»	»
	Rochefort en T.	id.	»	»	»	»	»	Bahon, gref.	»	»
	Sarzeau.	id.	»	»	»	»	»	Le Devillec.	»	»
	Lorient.	id.	»	»	»	»	»	Bardoux, secr.	»	»
	Auray.	Trequesser, L.-C	400	5	appelé.	803	06	Brunel, percep. à Auray.	Le Bouleis, not.	»
		Le Baron, Joachim	200	119	exempté.	»	»			
	Pluvigner.	Audic, Jacques.	300	38	exempté.	»	»			
		Audic, Mathurin.	300	30	appelé.	604	51			
	Belle-Isle.	Néant.	»	»	»	»	»	»	»	non organisé.
	Belz.	id.	»	»	»	»	»	Gilliouard, gr.	»	»
	Hennebon.	id.	»	»	»	»	»	Dussault, anc. n. à Henebon.	Loher, notaire, à Hennebon.	»
	Plouay.	Brechec, Joseph.	300	126	exempté.	»	»			»
	Plouay.	Néant.	»	»	»	»	»	»	»	non organisé.
	Pluvigner.	id.	»	»	»	»	»	»	»	id.
		A reporter. .	341,000	»	»	336,966	52			

MORBIHAN. MOSELLE. NIÈVRE.

Départements.	Canton où le Souscripteur a concouru au tirage au sort.	Noms et Prénoms des Souscripteurs.	Montant de la souscription.	N° échu au tirage au Souscripteur.	Résultat des décisions du Conseil de révision touchant le Souscripteur	Somme brute revenant au Souscripteur frappé par le sort.		Noms et qualités de MM. les Directeurs qui ont reçu la Souscription.	de MM. les Dépositaires des fonds de l'Association.	Observations.
		Report. .	341,000	»	»	336,966	52	»	»	»
	Pontscorff.	Néant.	»	»	»	»	»	Lecudon, gref.	Raoul, notaire.	»
	Port—Louis.	id.	»	»	»	»	»	»	»	»
	Quiberon.	id.	»	»	»	»	»	»	»	non organisé.
	Ploërmel.	id.	»	»	»	»	»	»	»	id.
	Josselin.	Tregouet, P.-L.	100	29	appelé.	201	68	Berson, greffier à Ploërmel.	»	»
	Guer.	Néant.	»	»	»	»	»	»	»	non organisé.
	Josselin.	id.	»	»	»	»	»	»	»	id.
Morbihan.	Malestroit.	id.	»	»	»	»	»	»	»	id.
	Mauron.	id.	»	»	»	»	»	»	»	id.
	Rohan.	id.	»	»	»	»	»	»	»	id.
	S-Jean-de-B.	id.	»	»	»	»	»	»	»	id.
	La Trinité.	id.	»	»	»	»	»	»	»	id.
	Pontivy.	id.	»	»	»	»	»	»	»	id.
	Baud.	id.	»	»	»	»	»	»	»	id.
	Cléguérec.	id.	»	»	»	»	»	»	»	id.
	Le Faouet.	Herveou, Franc-X	200	31	exempté.	»	»	Bellanger, gref.	Bargain, not.	»
		Philippe, Alban.	300	117	exempté.	»	»			»
	Gourin.	Néant.	»	»	»	»	»	»	»	non organisé.
	Guéméné.	id.	»	»	»	»	»	»	»	id.
	Locminé.	id.	»	»	»	»	»	»	»	id.
	Metz (3ᵉ can.)	Delaunay, Ch.-L.	300	124	exempté.	»	»	Berton, profess.	Guerquin, not.	»
	Boulay.	Néant.	»	»	»	»	»	Francin, gref.	Le Secq de Crép	»
	Faulquemont.	id.	»	»	»	»	»	»	»	non organisé.
	Gorze.	Patard, Dominiq.	400	45	appelé.	803	06	Bertin, rec. bur.	»	»
	Pange.	Néant.	»	»	»	»	»	»	»	non organisé.
	Verny.	id.	»	»	»	»	»	»	»	id.
	Vigy.	id.	»	»	»	»	»	»	»	id.
	Briey.	id.	»	»	»	»	»	Douant, notair.	»	»
	Audun-le-Rom.	id.	»	»	»	»	»	»	»	non organisé.
	Conflans.	id.	»	»	»	»	»	»	»	id.
	Longuyon.	id.	»	»	»	»	»	»	»	id.
	Longwy.	id.	»	»	»	»	»	»	»	id.
Moselle.	**Sarreguem.**	id.	»	»	»	»	»	Philipp.	»	»
	Bitche.	Metz, Frédéric.	400	34	appelé.	803	06	Junq, greffier.	Malye, not.	»
	Forbach.	Néant.	»	»	»	»	»	»	»	non organisé.
	Gros-Tenquin.	id.	»	»	»	»	»	Mouth, greffier	Butin, notaire.	»
	Saint-Avold.	id.	»	»	»	»	»	»	»	non organisé.
	Saralbe.	id.	»	»	»	»	»	Flosse, greffier.	»	»
	Rohrbach.	id.	»	»	»	»	»	»	»	non organisé.
	Volmunster.	id.	»	»	»	»	»	»	»	id.
	Thionville.	id.	»	»	»	»	»	»	»	id.
	Bouzonville.	id.	»	»	»	»	»	»	»	id.
	Cattenom.	id.	»	»	»	»	»	Riché, greffier.	»	»
	Metzerwisse.	id.	»	»	»	»	»	»	»	non organisé.
	Sierck.	Pauly, Nicolas.	400	24	appelé.	803	06	Niderkorn, gr.	Fromohlt, not.	»
		Pignon, Nicolas.	400	6	appelé.	803	06			
	Nevers.	Néant.	»	»	»	»	»	»	»	non organisé.
	Décise.	id.	»	»	»	»	»	Pousset, gref.	Roubet, not.	»
Nièvre.	Dornes.	id.	»	»	»	»	»	»	»	non organisé.
	Fours.	id.	»	»	»	»	»	»	»	id.
	Pougues.	Roubeau, Jean.	300	37	appelé.	604	51	DeMay, percep.	»	»
	St-Benin-d'Azy.	Néant.	»	»	»	»	»	Barillet, greffier	Laroche, not.	»
	St-Pierre-le-M.	Minard, Gilbert.	100	41	appelé.	201	68	Gourjon-Dulac.	»	»
		À reporter. -,	343,900	»	»	341,186	63			

NIÈVRE. NORD.

Départements.	Canton où le Souscripteur a concouru au tirage au sort.	Noms et Prénoms des Souscripteurs.	Montant de la Souscription.	N° échu au tirage au Souscripteur.	Résultat des décisions du Conseil de révision touchant le Souscripteur.	Somme brute revenant au Souscripteur frappé par le sort.		Noms et qualités de MM. les Directeurs qui ont reçu la Souscription.	de MM. les Dépositaires des fonds de l'Association.	Observations.
		Report.	343,900	»	»	341,186	63	»	»	»
	Saint-Saulge.	Néant.	»	»	»	»	»	»	»	non organisé.
	Chateau-C.	id.	»	»	»	»	»	Colas, notaire.	»	»
	Châtillon.	id.	»	»	»	»	»	»	»	non organisé.
	Luzy.	id.	»	»	»	»	»	Andriot.	»	»
	Montsauche.	id.	»	»	»	»	»	»	»	non organisé.
	Moulins-en-Gil.	id.	»	»	»	»	»	Berriat, greffier	Lorry, notaire.	»
	Clamecy.	id.	»	»	»	»	»	Villiers, notaire	»	»
	Brinon.	id.	»	»	»	»	»	»	»	non organisé.
	Corbigny.	id.	»	»	»	»	»	»	»	id.
Nièvre.	Lormes.	JOLY Vincent.	500	43	appelé.	997	41	Gudin, secrét.	»	»
	Tannay.	Néant.	»	»	»	»	»	»	»	non organisé.
	Varzy.	id.	»	»	»	»	»	»	»	id.
	Cosne.	id.	»	»	»	»	»	»	»	id.
	La Charité.	id.	»	»	»	»	»	Regnard, gref.	»	»
	Douzy.	id.	»	»	»	»	»	»	»	non organisé.
	Pouilly-s-Loire.	id.	»	»	»	»	»	Truchet, ex-b.	»	»
	Saint-Amand.	id.	»	»	»	»	»	»	»	non organisé.
		GAMARD, Jean.	500	36	exempté.	»	»			
		RIGNAULT, Edme.	500	79	exempté.	»	»			
	Prémery.	VALET, Claude.	600	31	appelé.	1,178	47	Moreau.	Guérin, notaire	»
		GRAILLOT, Jean.	500	69	exempté.	»	»			
		JOLY, Jean.	500	118	exempté.	»	»			
	Lille.	Néant.	»	»	»	»	»	»	»	non organisé.
	Armentière.	id.	»	»	»	»	»	»	»	id.
	Cysoing.	id.	»	»	»	»	»	Lefebvre, gref.	»	»
	Haubourdin.	id.	»	»	»	»	»	»	»	non organisé.
	Lannoy.	id.	»	»	»	»	»	»	»	id.
	La Bassée.	id.	»	»	»	»	»	»	»	id
	Pont-à-Mars.	id.	»	»	»	»	»	Desmazières, g.	»	»
	Quesnoy.	id.	»	»	»	»	»	»	»	non organisé.
	Roubaix.	id.	»	»	»	»	»	»	»	id.
	Seclin.	id.	»	»	»	»	»	»	»	id.
	Tourcoing.	id.	»	»	»	»	»	Meurisse, gref.	Bernard, not.	»
	Avesnes.	id.	»	»	»	»	»	»	»	non organisé.
	Bavay.	id.	»	»	»	»	»	Fliniaux, clerc.	»	»
	Berlaimont.	id.	»	»	»	»	»	»	»	non organisé.
	Landrecies.	id.	»	»	»	»	»	Taquet, propr.	»	»
Nord.	Mauheuge.	id.	»	»	»	»	»	»	»	non organisé.
	Le Quesnoy.	id.	»	»	»	»	»	Masson, gref.	Lustremant, n.	»
	Solre-le-Chât.	id.	»	»	»	»	»	»	»	non organisé.
	Trelon.	id.	»	»	»	»	»	Mehaut-de-Rim.	Dubois, not.	»
	Cambrai.	id.	»	»	»	»	»	»	»	non organisé.
	Carnières.	id.	»	»	»	»	»	Lansiaux, ex-ad	Tabary, not.	»
	Le Cateau.	id.	»	»	»	»	»	Lancelle, gref.	»	»
	Clary.	id.	»	»	»	»	»	Delbay, propr.	»	»
	Marcoing.	id.	»	»	»	»	»	»	»	non organisé.
	Solesmes.	id.	»	»	»	»	»	»	»	id.
	Douai.	id.	»	»	»	»	»	Demarquette, g.-mag. à Douai	Demarquette à Douai.	»
	Orchies.	DELCROIX, Jean-B.	500	174	exempté.	»	»			»
	Arleux.	Néant.	»	»	»	»	»	»	»	non organisé.
	Marchiennes.	id.	»	»	»	»	»	»	»	id.
	Orchies.	id.	»	»	»	»	»	»	»	id.
	Dunkerque.	id.	»	»	»	»	»	»	»	id.
	Bergues.	id.	»	»	»	»	»	»	»	id.
		A reporter.	347,500	»	»	343,362	51			

NORD. OISE.

DÉPARTEMENTS.	CANTON où le Souscripteur a concouru au tirage au sort.	NOMS et PRÉNOMS des SOUSCRIPTEURS.	Montant de la souscription.	N° échu au tirage au Souscripteur.	Résultat des décisions du Conseil de révision touchant le Souscripteur.	SOMME brute revenant au Souscripteur frappé par le sort.		NOMS ET QUALITÉS de MM. les Directeurs qui ont reçu la souscription.	de MM. les Dépositaires des fonds de l'Association.	Observations.
		Report.	347,500	»	»	343,362	51	»	»	»
Nord.	Bourbourg.	Néant.	»	»	»	»	»	De Blonde, gr.	Warin, notaire.	»
	Gravelines.	id.	»	»	»	»	»	»	»	non organisé.
	Hondschootte.	id.	»	»	»	»	»	»	»	id.
	Wormhoudt.	id.	»	»	»	»	»	»	»	id.
	Hazebrouck.	id.	»	»	»	»	»	»	»	id.
	Bailleul.	id.	»	»	»	»	»	»	»	id.
	Cassel.	id.	»	»	»	»	»	»	»	id.
	Merville.	id.	»	»	»	»	»	»	»	id.
	Steenwoorde.	id.	»	»	»	»	»	»	»	id.
	Valencienne	id.	»	»	»	»	»	»	»	id.
	Bouchain.	id.	»	»	»	»	»	»	»	id.
	Condé.	id.	»	»	»	»	»	»	»	id.
	Saint-Amand.	id.	»	»	»	»	»	»	»	id.
Oise.	**Beauvais.**	Néant.	»	»	»	»	»	»	»	non organisé.
	Auneuil.	id.	»	»	»	»	»	»	»	id.
	Chaumont.	id.	»	»	»	»	»	»	»	»
	Coudray-S-Ger.	id.	»	»	»	»	»	Dufour, gref.	»	»
	Formerie.	id.	»	»	»	»	»	Mayeux. gref.	»	»
	Grandvilliers.	id.	»	»	»	»	»	»	»	non organisé.
	Marseille-le-Pet.	NORMAND, Léger.	400	85	exempté.	»	»	»	»	id.
	Nivilliers.	Néant.	»	»	»	»	»	Devergie, gref.	Marlé, notaire.	»
	Noailles.	id.	»	»	»	»	»	»	»	non organisé.
		CHAPRON, A.-G.	400	46	appelé.	803	06	»	»	id.
	Meru.	CHAPRON, A.-G.	400	46	appelé.	803	06	Le Porquier de Vaux, perc.	»	»
		GILLES, J.-C.	600	37	appelé.	1,178	47			
	Chaumont.	LEMAIRE, C.-Q.	600	73	appelé.	1,178	47			
	Songeons.	Néant.	»	»	»	»	»	Lefranc, c.-gr.	»	»
	Clermont.	id.	»	»	»	»	»	»	»	non organisé.
	Breteuil.	id.	»	»	»	»	»	Robert, huis.	»	»
	Crèvecœur.	id.	»	»	»	»	»	Delachapelle.	»	»
	Froissy.	id.	»	»	»	»	»	»	»	non organisé.
	Liancourt.	id.	»	»	»	»	»	»	»	id.
	Maignelay.	id.	»	»	»	»	»	»	»	id.
	Mouy.	id.	»	»	»	»	»	»	»	id.
	S-Just-en-Chaus	id.	»	»	»	»	»	Wattelin. gref.	»	»
	Compiègne.	id.	»	»	»	»	»	»	»	non organisé.
	Attichy.	id.	»	»	»	»	»	»	»	id.
	Estrées-S-Denis	CASSAN, J.-F.-L.	800	27	appelé.	1,558	64	Cassan, not.	»	»
	Guiscard.	Néant.	»	»	»	»	»	Billot, greffier.	»	»
	Lassigny.	id.	»	»	»	»	»	Bauchart, gref.	Martin, not.	»
		DOUMAIRON, A.-H.	800	5	appelé.	1,558	64			
	Noyon.	LAISNÉ, L.-E.-J.-B.	600	65	appelé.	1,178	47	Meunier, gref.	Audebert, not.	»
		BLANLOT, H.-F.	700	130	exempté.	»	»			
	Ressons.	Néant.	»	»	»	»	»	»	»	non organisé.
	Ribécourt.	id.	»	»	»	»	»	»	»	id.
	Senlis.	id.	»	»	»	»	»	»	»	id.
	Betz.	id.	»	»	»	»	»	Gérard, gref.	Caillet, not.	»
	Creil.	id.	»	»	»	»	»	Receveur, gr.	»	»
		ROUSSELLE, A.-A.	500	73	exempté.	»	»			
	Crépy.	MOREL, Jules.	900	38	appelé.	1,769	75	Léguillon, huis.	Maintenant, n.	»
		HUYOT, C.-L.	800	15	exempté.	»	»			
	Nanteuil-le-H.	Néant.	»	»	»	»	»	Legrand, gref.	»	»
	Neuilly-en-Th.	NAQUET, J.-F.	500	20	appelé.	997	41	Martin, gref.	»	»
	Pont-Ste-Max.	Néant.	»	»	»	»	»	Poncet, gref.	»	»
		A reporte..	355,500	»	»	354,888	48			

ORNE.

Départements.	Canton où le Souscripteur a concouru au tirage au Sort.	Noms et Prénoms des Souscripteurs.	Montant de la souscription.	N° échu au tirage au Souscripteur.	Résultat des décisions du Conseil de révision touchant le Souscripteur.	Somme brute revenant au Souscripteur frappé par le sort.		Noms et qualités de MM. les Directeurs qui ont reçu la Souscription.	Noms et qualités de MM. les Dépositaires des fonds de l'Association.	Observations.
Orne.		Report.	355,580	»	»	354,388	48	»	»	»
	Alençon (c.).	Aubourg de la C.	800	30	exempté.	»	»	} Mérot, huissier.	Hommey, not.	»
	Alençon (Ouest)	Barrier, Louis.	800	117	exempté.	»	»			»
	Carouge.	Néant.	»	»	»	»	»	Duval, huissier.	»	»
	Courtomer.	id.	»	»	»	»	»	»	»	non organisé.
	Le Mesle-sur-S.	id.	»	»	»	»	»	»	»	id.
	Séez.	id.	»	»	»	»	»	»	»	id.
	Argentan.	id.	»	»	»	»	»	Cheradame, em.	Dubreuil, not.	»
	Briouze.	Gourdel, J.-P.-I.	700	39	exempté.	»	»	Liette, greffier.	Olivier, not.	»
		Delange, Stan.-J.	700	32	exempté.	»	»			
		Chatel, Victor-C.	600	16	appelé.	1,178	47			
		Ollivier, Pierre.	700	64	exempté.	»	»			
		Durand, Jacq.-A.	500	75	exempté.	»	»			
		Dufresne, P.-G.	500	60	exempté.	»	»			
		Delaunay, Jac.-F	500	63	appelé.	997	41			
		Chable de la Hér.	800	84	exempté.	»	»			
		Guillochain, L-F	700	44	appelé.	1,372	37			
	Carrouges.	Blanchet, Cés.-V.	800	101	appelé.	1,558	64	Devé-Courval.	Herronière, not.	»
	Ecouché.	Jolivet, Marin-L.	200	84	exempté.	»	»	Le Prévost, gr.	Glasse, notaire.	»
	Exmes.	Néant.	»	»	»	»	»			»
	La-Ferté-Fres.	Bertrand, Henri.	600	40	appelé.	1,178	47	} Dulaurens, déf.	Regnard, not.	»
		Vauloup, Ferd.-F.	300	67	exempté.	»	»			
	Gacé.	Mathieu, Claude.	600	41	appelé.	1,178	47	} Combal, gref.	Marais, notaire	»
		Couture, Louis-F	1100	4	exempté.	»	»			
		Bourdon, Pr.-Al.	1000	30	exempté.	»	»			
		Letacq, François.	600	64	exempté.	»	»			
	Le Merlerault.	Néant.	»	»	»	»	»	Gouais-Lanos.	»	»
	Mortréc.	Lecoirre, Fr.-M.	100	2	appelé.	201	68	} Le Doyen, huissier à Mortrée,	»	»
	Séez.	Lorel, Jacq.-Alex.	100	29	appelé.	201	68			
	Lemesles-sur-S.	Chantepie, Fr.-C.	700	20	appelé.	1,372	37			
	Putanges.	Leprieur, Cas.-C.	800	8	appelé.	1,558	64	Jouanne, huiss.	Olivier, notaire	»
	Trun.	Poulain, Th.-Al.	700	22	exempté.	»	»	Lecordier, greffier à Trun,	Clogenson, not.	»
		Marais, Victor-Al.	800	70	exempté.	»	»			
		Guesnon, Jean.	800	47	appelé.	1,558	64			
		Mallet, Hypp.-E.	800	58	exempté.	»	»			
		Leplat, Fr.-A.-A.	800	55	appelé.	1,558	64			
	Vimoutiers.	Chemin, Félix-Y.	800	15	appelé.	1,558	64	} Mercier, propr.	Mercier.	»
	Vimoutiers.	Louée, Pierre-Isid.	1000	85	exempté.	»	»			
		Mézières, Clém.	600	89	exempté.	»	»			
	Domfront.	Néant.	»	»	»	»	»	»	»	non organisé.
	Athis.	id.	»	»	»	»	»	»	»	id.
	La Ferté-Macé.	id.	»	»	»	»	»	»	»	id.
	Flers.	id.	»	»	»	»	»	Guibout, gref.	Veaudoré, not.	»
	Juvigny-s-And.	Mottay, Eugène.	500	14	appelé.	997	41	Gabery, gref.	»	»
	Messei.	Néant.	»	»	»	»	»	»	»	non organisé.
	Passais.	id.	»	»	»	»	»	»	»	id.
	Tinchebrai.	id.	»	»	»	»	»	»	»	id.
	Mortagne.	id.	»	»	»	»	»	»	»	id.
	Bazoche-sur-H.	id.	»	»	»	»	»	Gérard, huiss.	»	»
	Bellème.	id.	»	»	»	»	»	Touchard, prop à Bellème.	Delarocque, n. à Bellème.	»
	Pervenchère.	Fromage, Lucien.	600	75	exempté.	»	»			»
	Laigle.	Néant.	»	»	»	»	»	Adam, chevalier	Demousseaux, n	»
	Longny.	Renouard, Ant.	600	72	appelé.	1,178	47	} Caget, greffier.	Bresdin, not.	»
		Charron, Jean-F.	200	53	appelé.	403	74			
		Marchand, Adolp.	300	80	appelé.	604	51			
	Moulins-la-M.	Néant.	»	»	»	»	»	»	»	non organisé.
		A reporter.	378,200	»	»	373,046	73			

ORNE. PAS-DE-CALAIS. PUY-DE-DOME. BASSES-PYRÉNÉES.

Départements.	CANTON où le Souscripteur a concouru au tirage au sort.	NOMS et PRÉNOMS des SOUSCRIPTEURS.	Montant de la souscription.	N° échu au tirage au Souscripteur.	Résultat des décisions du Conseil de révision touchant le Souscripteur.	SOMME brute revenant au Souscripteur frappé par le sort.		de MM. les Directeurs qui ont reçu la souscription.	de MM. les Dépositaires des fonds de l'Association.	Observations.
		Report,	378,200	»	»	373,046	73	»	»	»
Orne.	Nocé.	Néant.	»	»	»	»	»	Chartrain, per.	»	»
	Pervenchères.	id.	»	»	»	»	»	»	ı.	non organisé.
	Remalard.	id.	»	»	»	»	»	»	»	id.
	Le Theil.	id.	»	»	»	»	»	»	»	id.
	Tourouvre.	id.	»	»	»	»	»	»	»	id.
Pas-de-Calais.	Arras.	Néant.	»	»	»	»	»	»	»	non organisé.
	Bapaume.	id.	»	»	»	»	»	»	»	id.
	Beaumetz–les–L	id.	»	»	»	»	»	»	»	id.
	Bertincourt.	MAISON, H.–V.–E.	600	36	appelé.	1,178	47	Desaint, gref.	Baudet, not.	»
	Croisilles.	Néant.	»	»	»	»	»	»	»	non organisé.
	Marquion.	id,	»	»	»	»	»	»	»	id.
	Pas.	id.	»	»	»	»	»	Boursin, gref.	Delacroix, not.	»
	Vimy.	id.	»	»	»	»	»	Joncqué, secr.	»	»
	Vitry.	id.	»	»	»	»	»	»	»	non organisé.
	Béthune.	id.	»	»	»	»	»	»	»	id.
	Cambrin.	id.	»	»	»	»	»	Jourdain, gref.	Duquesnoy, n.	»
	Carvin.	id.	»	»	»	»	»	»	»	non organisé.
	Houdain.	id.	»	»	»	»	»	»	»	id.
	Laventie.	id.	»	»	»	»	»	Salome, gref.	»	»
	Lens.	id.	»	»	»	»	»	»	»	non organisé.
	Lillers.	id.	»	»	»	»	»	»	»	id.
	Norrent–Fontès	id.	»	»	»	»	»	»	»	id.
	Boulogne.	id.	»	»	»	»	»	Walet, empl.	Dutertre, not.	»
	Calais.	id.	»	»	»	»	»	Wimet gref.	»	»
	Desvres.	id.	»	»	»	»	»	»	»	non organisé.
	Guines.	id.	»	»	»	»	»	»	»	id,
	Marquise.	id.	»	»	»	»	»	Hoyez, gref.	»	»
	Samer.	id.	»	»	»	»	»	»	»	non organisé.
	Montreuil.	id.	»	»	»	»	»	»	»	id.
	Campagne.	id.	»	»	»	»	»	»	»	id.
	Etaples.	id.	»	»	»	»	»	»	»	id.
	Fruges.	id.	»	»	»	»	»	Pruvost, gref.	»	»
	Hesdin.	id.	»	»	»	»	»	»	»	non organisé.
	Hucqueliers.	id.	»	»	»	»	»	Leclerc, gref.	»	»
	St-Omer.	id.	»	»	»	»	»	»	»	non organisé.
	Aire.	id.	»	»	»	»	»	»	»	id.
	Ardres.	id.	»	»	»	»	»	»	»	id.
	Audruick.	id.	»	»	»	»	»	Aniéré, gref.	Hamy, notaire.	»
	Fauquembergue	id.	»	»	»	»	»	»	»	non organisé.
	Lumbres.	id.	»	»	»	»	»	»	»	id.
	Saint-Pol.	id.	»	»	»	»	»	»	»	id.
	Aubigny.	id.	»	»	»	»	»	»	»	id.
	Auxi–le–Chat.	id.	»	»	»	»	»	»	»	id.
	Avesnes–le–C.	id.	»	»	»	»	»	Courcol, gref.	Denoyelle, n.	»
	Heuchin.	id.	»	»	»	»	»	»	»	non organisé.
	Le Parcq.	id.	»	»	»	»	»	»	»	id.
Basses-Pyrénées.	Puy-de-D.	Néant.	»	»	»	»	»	»	»	non organisé.
	Pau (Est).	LACROUTS, dit Laj.	300	104	appelé.	604	51	Cames, greffier du c. de préf.	»	»
	Vic-Bigorre.	RIVIÈRE, Joseph.	200	24	appelé.	403	74		»	»
	Clarac.	Néant.	»	»	»	»	»	»	»	non organisé.
	Garlin.	id.	»	»	»	»	»	»	»	id.
	Lembèye.	id.	»	»	»	»	»	»	»	id.
		À reporter.	379,300	»	»	375,233	45			

BASSES-PYRÉNÉES.   HAUTES-PYRÉNÉES.

DÉPARTEMENTS.	CANTON où le Souscripteur a concouru au tirage au sort.	NOMS et PRÉNOMS des SOUSCRIPTEURS.	Montant de la souscription.	Nº échu au tirage au Souscripteur.	Résultat des décisions du Conseil de révision touchant le Souscripteur.	SOMME brute revenant au Souscripteur frappé par le sort.		NOMS ET QUALITÉS de MM. les Directeurs qui ont reçu la souscription.	de MM. les Dépositaires des fonds de l'Association.	Observations.
		Report.	379,300	»	»	375,233	45	»	»	»
Basses-Pyrénées.	Lescar.	Néant.	»	»	»	»	»	»	»	non organisé.
	Montaner.	id.	»	»	»	»	»	Darré, gref.	»	»
	Morlaas.	id.	»	»	»	»	»	Ladaynous. gr.	»	»
	Nay.	id.	»	»	»	»	»	Domenjon, gr.	»	»
	Pontacq.	id.	»	»	»	»	»	Souberbielle, g.	»	»
	Thèze.	PERET, Jean, dit L.	500	29	exempté.	»	»	Esdourrubail g.	Monguilan, n.	»
	Bayonne.	Néant.	»	»	»	»	»	»	»	non organisé.
	La Bastide-C.	id.	»	»	»	»	»	»	»	id.
	Bidache.	id.	»	»	»	»	»	Duguet, gref.	Lapebie, not.	»
	Espelette.	id.	»	»	»	»	»	»	»	non organisé.
	Hasparren.	id.	»	»	»	»	»	Hirigoyen, gr.	»	»
	S.-Jean-de-L.	id.	»	»	»	»	»	»	»	non organisé.
	Ustaritz.	id.	»	»	»	»	»	Scholens, gref.	Dassance, not.	»
	Mauléon.	id.	»	»	»	»	»	»	»	non organisé.
	Iholdy.	id.	»	»	»	»	»	»	»	id.
	S.-Etienne de P	id.	»	»	»	»	»	»	»	id.
	Saint-Jean de P	id.	»	»	»	»	»	»	»	id.
	Saint-Palais.	id.	»	»	»	»	»	Duhagon, gref.	»	»
	Tardets.	id.	»	»	»	»	»	»	»	non organisé.
	Oloron.	id.	»	»	»	»	»	»	»	id.
	Accous.	id.	»	»	»	»	»	Davansens, ins.	»	»
	Aramits.	id.	»	»	»	»	»	»	»	non organisé.
	Arudy.	id.	»	»	»	»	»	»	»	id.
	Laruns.	id.	»	»	»	»	»	»	»	id.
	Lasseube.	id.	»	»	»	»	»	Layon, gref.	Mesplez, not.	»
	Moucin.	id.	»	»	»	»	»	»	»	non organisé.
	Ste-Marie-d'O.	id.	»	»	»	»	»	Lacazette, gref.	»	»
	Orthez.	id.	»	»	»	»	»	»	»	non organisé.
	Arthez.	id.	»	»	»	»	»	»	»	id.
	Arzacq.	id.	»	»	»	»	»	Darrivère, gref.	Boulin, not.	»
	Lagor.	id.	»	»	»	»	»	»	»	non organisé.
	Navarrenx.	id.	»	»	»	»	»	»	»	id.
	Salies.	id.	»	»	»	»	»	Dufourcq, pr.	»	»
	Sauveterre.	id.	»	»	»	»	»	»	»	non organisé.
Hautes-Pyrénées.	Tarbes.	Néant.	»	»	»	»	»	Bordenave.	»	»
	Castelnau-Riv.	id.	»	»	»	»	»	Fourtel, gref.	Mieussens, not.	»
	Galan.	id.	»	»	»	»	»	Authenac, gr.	»	»
	Maubourguet.	id.	»	»	»	»	»	»	»	non organisé.
	Ossun.	id.	»	»	»	»	»	»	»	id.
	Pouyastruc.	id.	»	»	»	»	»	»	»	id.
	Rabastens.	id.	»	»	»	»	»	Laguens, gref.	»	»
	Tournay.	id.	»	»	»	»	»	»	»	non organisé.
	Tric.	id.	»	»	»	»	»	»	»	id.
	Vic-en-Bigorre.	id.	»	»	»	»	»	»	»	id.
	Argelès.	id.	»	»	»	»	»	Daressy, not.	»	»
	Aucun.	LOURET, Domin.	100	63	exempté.	»	»	Bène, greffier.	Mendaigne, à Marsans.	»
		TARRÈRE, Jean-P.	100	44	exempté.	»	»			
		SASSÈRE, Jacques.	100	40	exempté.	»	»			
	Lourdes.	Néant.	»	»	»	»	»	»	»	non organisé.
	Luz.	id.	»	»	»	»	»	Bandome, gref.	Forcanidau, n.	»
	Saint-Pé.	id.	»	»	»	»	»	»	»	non organisé.
	Bagnères.	PUJO, Jean-Marie.	100	178	exempté.	»	»	Lafranque.	Fréchou, not.	»
		AMARÉ, Louis.	200	167	exempté.	»	»			
		DUCLOS, Antoine.	300	2	appelé.	604	51			
		A reporter.	380,700	»	»	375,837	96			

HAUTES-PYRÉNÉES. PYRÉNÉES-ORIENTALES. BAS-RHIN.

Départements.	CANTON où le Souscripteur a concouru au tirage au sort.	NOMS et PRÉNOMS des SOUSCRIPTEURS.	Montant de la souscription.	N° échu au tirage au Souscripteur.	Résultat des décisions du Conseil de révision touchant le Souscripteur.	SOMME brute revenant au Souscripteur frappé par le sort.		NOMS ET PRÉNOMS de MM. les Directeurs qui ont reçu la souscription.	de MM. les Dépositaires des fonds de l'Association.	Observations.
		Report.	380,700	»	»	375,837	96	»	»	»
Hautes-Pyrénées.	**Bagnères.**	ARRIBARAT, André	200	80	exempté.	»	»	Lafranque.	Fréchou, not.	»
	Arreau.	Néant.	»	»	»	»	»	Roucaud, gref.	Rolland, not.	»
	Bordères.	id.	»	»	»	»	»	»	»	non organisé.
	Campan.	id.	»	»	»	»	»	Dumont, gref.	Vignec, not.	»
	Castelnau-May.	id.	»	»	»	»	»	»	»	non organisé.
	La Barthe.	id.	»	»	»	»	»	»	»	id.
	Lannemezan.	id.	»	»	»	»	»	»	»	id.
	Mauléon-Bar.	id.	»	»	»	»	»	Picot, greffier.	»	»
	Nestier.	id.	»	»	»	»	»	»	»	non organisé.
	Vielle.	id.	»	»	»	»	»	»	»	id.
Pyrénées-Orientales.	**Perpignan.**	Néant.	»	»	»	»	»	Casteillo fils.	Casteillo père.	»
	Millas.	id.	»	»	»	»	»	»	»	non organisé.
	Rivesaltes.	id.	»	»	»	»	»	»	»	id.
	Saint-Paul.	id.	»	»	»	»	»	»	»	id.
	Thuir.	id.	»	»	»	»	»	»	»	id.
	La Tour.	LHIMOUSI, Bon.-E	100	30	exempté·	»	»	Tiffon, greffier.	»	»
	Céret.	NOÉ BOSCH, Jean.	500	82	exempté.	»	»	Puy-Delmas, s.	Fortagut, not.	»
	Argelès.	Néant.	»	»	»	»	»	»	»	non organisé.
	Arles.	id.	»	»	»	»	»	»	»	id.
	Prats-de-Mollo.	BRUNET, Laurent.	600	28	appelé.	1,178	47	Puy-Delmas, à Céret.	Noelle, notaire.	»
		GUISSET, Pierre.	600	35	exempté.	»	»			
		MATHEU, Marty.	600	21	appelé.	1,178	47			
	Prades.	Néant.	»	»	»	»	»	»	»	non organisé.
	Mont-Louis.	SALVAT, Touzet-G.	400	13	appelé.	803	06	Cayrol, gref.	Salvat, notaire.	»
	Olette.	Néant.	»	»	»	»	»	»	»	non organisé.
	Saillagousse.	id.	»	»	»	»	»	Circan, gref.	»	»
	Sournia.	id.	»	»	»	»	»	»	»	non organisé.
	Vinça.	id.	»	»	»	»	»	»	»	id.
Bas-Rhin.	**Strasbourg (n.)**	KLOTZ, Henri.	400	130	exempté.	»	»	Silberling.	Zeyssolff, not.	»
	Strasbourg (o.).	BOESWILLWALD, C	400	115	exempté.	»	»			
	Bichwiller.	Néant.	»	»	»	»	»	Schmidt.	»	»
	Brumath.	id.	»	»	»	»	»	»	»	non organisé.
	Geispolsheim.	id.	»	»	»	»	»	Lang, greffier.	»	»
	Haguenau.	id.	»	»	»	»	»	»	»	non organisé
	Molsheim.	id.	»	»	»	»	»	»	»	id.
	Schiltigheim.	id.	»	»	»	»	»	»	»	id.
	Truchtersheim.	id.	»	»	»	»	»	»	»	id.
	Wasselonne.	BENGEL, Joseph.	300	202	exempté.	»	»	Borde, secrét.	Borde.	»
	Saverne.	Néant.	»	»	»	»	»	»	»	non organisé.
	Bouxviller.	MORITZ, Jean-Jac.	400	164	exempté.	»	»	Culmann, gref.	Rech, notaire.	»
		VOGEL, Chrétien.	400	65	exempté.	»	»			
		MULLER, Jean-Th.	200	88	appelé.	403	74			
	Drulingen.	Néant.	»	»	»	»	»	»	»	non organisé.
	Hochfelden.	id.	»	»	»	»	»	»	»	id.
	Marmoutier.	id.	»	»	»	»	»	»	»	id.
	La Petite Pierre.	id.	»	»	»	»	»	»	»	id.
	Saar-Union.	id.	»	»	»	»	»	»	»	id.
	Schelestadt.	id.	»	»	»	»	»	»	»	id.
	Baar.	id.	»	»	»	»	»	»	»	id.
	Benfeld.	id.	»	»	»	»	»	»	»	id.
	Erstein.	id.	»	»	»	»	»	Bartmann, gref.	Gilliot, not.	»
	Marckolsheim.	id.	»	»	»	»	»	»	»	non organisé.
	Obernai.	id.	»	»	»	»	»	Schauffler, gr.	Blandin, not.	»
						»				
		À reporter.	385,800	»	»	379,401	70			

BAS-RHIN. HAUT-RHIN.

DÉPARTEMENTS.	CANTON où le Souscripteur a concouru au tirage au sort.	NOMS et PRÉNOMS des SOUSCRIPTEURS.	Montant de la souscription.	N° échu au tirage au Souscripteur.	Résultat des décisions du Conseil de révision touchant le Souscripteur.	SOMME brute revenant au Souscripteur frappé par le sort.		NOMS ET QUALITÉS de MM. les Directeurs qui ont reçu la souscription.	de MM. les Dépositaires des fonds de l'Association.	Observations.
		Report.	385,800	»	»	379,401	70	»	»	»
Bas-Rhin.	Rosheim.	Néant.	»	»	»	»	»	»	»	non organisé.
	Villé.	id.	»	»	»	»	»	»	»	id.
	Wissembou.	id.	»	»	»	»	»	Heydenreich, s.	»	»
	Lauterbourg.	id.	»	»	»	»	»	»	»	non organisé.
	Niederbronn.	STREBLER, Ignace.	400	206	exempté.	»	»	Wintrheld, gr.	Demeuré, not.	»
		MULLER, Joseph.	400	38	appelé.	803	06			
		URBAN, Michel.	300	44	appelé.	604	51			
		KUNTZ, Frédéric.	400	76	appelé.	803	06			
		STEPHAN, Jacques.	200	224	exempté.	»	»			
	Seltz.	Néant.	»	»	»	»	»	»	»	non organisé.
	Soultz-sous-For	id.	»	»	»	»	»	»	»	id.
	Woerth.	id.	»	».	»	»	»	Schneider, gref.	Mallo, not.	»
Haut-Rhin.	**Colmar.**	Néant.	»	»	»	»	»	»	»	non organisé.
	Andolsheim.	id.	»	»	»	»	»	»	»	id.
	Ensisheim.	HUSSHERR, André.	500	69	appelé.	997	41	Fehner, gref.	Halm, notaire.	»
	Guebwiller.	Néant.	»	»	»	»	»	»	»	non organisé.
	Kaisersberg.	id.	»	»	»	»	»	»	»	id.
	Munster.	id.	»	»	»	»	»	»	»	id.
	Neuf-Brisach.	id.	»	»	»	»	»	»	»	id.
	La Poutroye.	MASSON, Jean-Bap.	600	3	appelé.	1.178	47	Simon, gref.	Comment. not. à Orbey.	»
		BARLIER, François	400	115	exempté.	»	»			
		BATOT, Jean-Bapt.	500	121	exempté.	»	»			
		FLORENT-DIDIER.	500	44	appelé.	997	41			
		SIMON, Simon.	500	82	exempté.	»	»			
		VEINDRICH, Jean-J	300	66	exempté.	»	»			
		MICLO, Jean-Bapt.	400	14	appelé.	803	06			
		DIDIER, Jean-L.	300	36	appelé.	604	51			
		PERRIN, Jean-Ant.	300	95	exempté.	»	»			
	Ribauvillé.	WEINGANT, Joseph	400	95	appelé.	803	06	Bonat, gref.	Heimburger, n.	»
		KOEUFFER, Jean-F	400	105	exempté.	»	»			
	Rouffach.	Néant.	»	»	»	»	»	»	»	non organisé.
	Ste-Marie aux M	BATOT, Antoine.	200	120	exempté.	»	»	Toussaint, gr.	Hœlg, notaire.	»
		HENRY, M.-J.-B.	700	141	exempté.	»	»			
		COTTEL, Jacques.	400	126	exempté.	»	»			
		MUNIER, Jean-B.	500	61	appelé.	997	41			
		MASSON, Joseph.	400	122	exempté.	»	»			
		ROUDOT, Jean-B.	500	166	exempté.	»	»			
		HERTER, François.	300	78	appelé.	604	51			
		BATOT, Antoine.	200	120	exempté.	»	»			
		PAIRA, Louis.	100	150	exempté.	»	»			
	Soulz.	Néant.	»	»	»	»	»	Chagué, gref.	Landwerling,	»
	Altkirch.	id.	»	»	»	»	»	»	»	non organ.⁰
	Ferrète.	id.	»	»	»	»	»	»	»	id.
	Habsheim.	id.	»	»	»	»	»	»	»	id.
	Hirsingen.	id.	»	»	»	»	»	»	»	id.
	Huningue.	id.	»	»	»	»	»	»	»	id.
	Landser.	id.	»	»	»	»	»	Wirialh, gref.	Wendling, not.	»
	Mulhouse.	id.	»	»	»	»	»	Gros, propriét.	Schlumberger.	»
	Belfort.	DUBAIL, Alexandre	400	85	exempté.	»	»	Kauffmann, gr. à Belfort.	Kauffmann, gr.	»
		LEVY, Raphaël.	300	127	exempté.	»	»			
		ROMOND, André.	400	77	exempté.	»	»			
		SIGNE, François-J.	300	20	appelé.	604	51			
	Dannemarie.	MONNIER, Pierre-C	300	78	exempté.	»	»			
		DADÉ, Pierre-Cél.	300	54	exempté.	»	»			
		A reporter.	397,900	»	»	389,202	68			

HAUT-RHIN. RHONE. HAUTE-SAONE.

Départements.	Canton où le Souscripteur a concouru au tirage au sort.	Noms et Prénoms des Souscripteurs.	Montant de la souscription.	N° échu au tirage au Souscripteur.	Résultat des décisions du Conseil de révision touchant le Souscripteur.	Somme brute revenant au Souscripteur frappé par le sort.		Noms et qualités de MM. les Directeurs qui ont reçu la souscription.	de MM. les Dépositaires des fonds de l'Association.	Observations.
		Report.	597,900			389.202	68	»	»	»
Haut-Rhin.	Massevaux.	PICARD, Théodore	300	24	appelé.	604	51	Kauffmann, gr. à Belfort.	Kauffmann, gr.	»
	Giromagny.	ZELLER, Fr.-M.-S.	300	20	appelé.	604	51			»
	Cernay.	Néant.	»	»	»	»	»	»	»	non organisé.
	Dannemarie.	id.	»	»	»	»	»	Bilger, huiss.	»	»
	Delle.	id.	»	»	»	»	»	»	»	non organisé.
	Fontaine.	id.	»	»	»	»	»	»	»	id.
	Giromagny.	YELLET, Claude-F	500	24	appelé.	697	41	Zeller, huiss.	Lardier, not.	»
		COPATEY, François	400	60	appelé.	803	06			
		PERROT, George-E.	300	40	exempté.	»	»			
	Massevaux.	Néant.	»	»	»	»	»	»	»	non organisé.
	S.-Amarin.	id.	»	»	»	»	»	»	»	id.
	Thann.	id.	»	»	»	»	»	Fritz, greffier.	»	»
Rhône.	Lyon (1er c.).	VENET, Jean-Bapt.	400	179	exempté.	»	»	Guynemer et neveu.	Laforest, not.	»
	Lyon (4e cant.)	LAGUAITE, Ch.-A.	700	87	appelé.	1,372	37			
	S.-Julien, Jura.	FILLOT, Claude-J.	500	27	appelé.	997	41			
	Clairvaux, Jura.	HUGON, Barthelém.	600	34	appelé.	1,178	47			
	Larbresle.	Néant.	»	»	»	»	»	»	»	non organisé.
	Condrieu.	id.	»	»	»	»	»	»	»	id.
	Givors.	id.	»	»	»	»	»	»	»	id.
	Limonest.	id.	»	»	»	»	»	Parceint, gref.	Bolo, notaire.	»
	Mornant.	id.	»	»	»	»	»	»	»	non organisé.
	Neuville.	id.	»	»	»	»	»	»	»	id.
	S.-Genis-Laval.	id.	»	»	»	»	»	»	»	id.
	S.-Laurent de C	id.	»	»	»	»	»	»	»	id.
	S.-Symphorien.	id.	»	»	»	»	»	»	»	id.
	Vaugueray.	id.	»	»	»	»	»	»	»	id.
	Villefranche	id.	»	»	»	»	»	Picard-Bonnat.	»	»
	Anse.	id.	»	»	»	»	»	Terret, gref.	»	»
	Beaujeu.	id.	»	»	»	»	»	»	»	non organisé.
	Belleville.	id.	»	»	»	»	»	»	»	id.
	Bois-d'Oingt	id.	»	»	»	»	»	»	»	id.
	Monsol.	id.	»	»	»	»	»	»	»	id.
	La Mure.	id.	»	»	»	»	»	»	»	id.
	Tarrare.	id.	»	»	»	»	»	»	»	id.
	Thizy.	MICHARD, Jean-A.	400	213	exempté.	»	»	Denys, gref.	Moncorgé, not,	»
		MARCHAND, Franç.	400	121	appelé.	803	06			
		PLASSE, Jean-Ben.	500	189	appelé.	997	41			
		ONDIN, Antoine.	300	191	appelé.	604	51			
		CHAPON, Benoît.	500	54	appelé.	997	41			
		CLAIRET, Claude-M	300	9	appelé.	604	51			
		BURNICHON, A.-M	400	16	appelé.	803	06			
Haute-Saône.	Vesoul.	Néant.	»	»	»	»	»	Petit-Clerc, n.	»	»
	Amance.	id.	»	»	»	»	»	Monneret, gr.	Bruhot, not.	»
	Combeau-Font.	id.	»	»	»	»	»	Guérin, gref.	»	»
	Jussey.	id.	»	»	»	»	»	Rondot, prop.	Barthélemy, n.	»
	Montbozon.	id.	»	»	»	»	»	Bejean, gref.	»	»
	Noroy-le-Bourg	id.	»	»	»	»	»	»	»	non organisé.
	Port-sur-Saône	id.	»	»	»	»	»	»	»	id.
	Rioz.	id.	»	»	»	»	»	»	»	id.
	Scey-sur-Saône	id.	»	»	»	»	»	»	»	id.
	Vitry.	id.	»	»	»	»	»	»	»	id.
	Gray.	id.	»	»	»	»	»	Grillot, secrét	»	»
	Autrey.	id.	»	»	»	»	»	Blanchot, prop.	»	»
		À reporter.	404,700	»	»	400,570	38			

HAUTE-SAONE. SAONE-ET-LOIRE.

DÉPARTEMENTS.	CANTON où le Souscripteur a concouru au tirage au sort.	NOMS et PRÉNOMS des SOUSCRIPTEURS.	Montant de la souscription.	N° échu au tirage au Souscripteur.	Résultat des décisions du Conseil de révision touchant le Souscripteur.	SOMME brute revenant au Souscripteur frappé par le sort.		de MM. les Directeurs qui ont reçu la souscription.	de MM. les Dépositaires des fonds de l'Association.	Observations.
		Report.	400,700	»	»	400,570	38	»	»	»
Haute-Saône.	Champlitte.	Néant.	»	»	»	»	»	Guichard, gr.	»	»
	Dampierre.	Besancennet, J-C	200	94	exempté.	»	»	Joly, greffier.	Donzé, notaire.	»
		Mussot, Jean-Bap.	100	75	exempté.	»	»			
	Fresne-S.-M.	Néant.	»	»	»	»	»	»	»	non organisé.
	Gy.	id.	»	»	»	»	»	»	»	id.
	Marnay.	id.	»	»	»	»	»	»	»	id.
	Pesmes.	id.	»	»	»	»	»	Pelot, greffier.	Courbet, not.	»
	Lure.	id.	»	»	»	»	»	Theurey, gref.	Grosbert, not.	»
	Champagney.	id.	»	»	»	»	»	Chognard, gr.	»	»
	Faucogney.	id.	»	»	»	»	»	Bolot, greffier.	»	»
	Héricourt.	id.	»	»	»	»	»	Tillon, greffier.	»	»
	Luxeuil.	Dejean, Maurice.	300	71	exempté.	»	»	Dufat et Cabuz.	Letcher, not.	»
	Melisey.	Néant.	»	»	»	»	»	Routhier, gref.	Lombard, not.	»
	St-Loup.	Party, Jean-Fr.	500	59	exempté.	»	»	Lesire, sec. de la mairie.	Chevallier, not.	»
		Richoyer, Victor.	300	84	appelé.	604	51			
		Simard, Pierre-F.	300	144	exempté.	»	»			
	Saulx.	Néant.	»	»	»	»	»	..	»	non organisé.
	Vauvilliers.	Masson, Nicolas.	100	103	exempté.	»	»	Daubié, gref.	Daubié.	»
	Villersexel.	Néant.	»	»	»	»	»	Camet, gref.	Griboulard, n.	»
Saône-et-Loire.	Macon.	Néant.	»	»	»	»	»	»	»	non organisé.
	La Chapelle-G.	id.	»	»	»	»	»	»	»	id.
	Cluny.	id.	»	»	»	»	»	»	»	id.
	Lugny.	id.	»	»	»	»	»	»	»	id.
	Matour.	id.	»	»	»	»	»	Giraud, gref.	»	»
	St-Gengoux.	id.	»	»	»	»	»	»	»	non organisé.
	Tournus.	id.	»	»	»	»	»	»	»	id.
	Tramayes.	id.	»	»	»	»	»	»	»	id.
	Antun,	id.	»	»	»	»	»	Pacaud, secrét.	»	»
	Couches.	id.	»	»	»	»	»	»	»	non organisé.
	Epinac.	id.	»	»	»	»	»	»	»	id.
	Issy-l'Evêque.	id.	»	»	»	»	»	Sotty, greffier.	Couchot, not.	»
	Lucenay.	id.	»	»	»	»	»	»	»	non organisé.
	Mesvres.	id.	»	»	»	»	»	»	»	id.
	Montcenis.	Cognard, Jean-M.	600	39	appelé.	1,178	47	Suchet, gref.	Marillier, not.	»
		Danguy, Charles.	600	32	exempté.	»	»			
		Charleux, Emil.	500	7	appelé.	997	41			
	S.-Léger-sous-Beuvray.	Emul, Edmond.	100	28	appelé.	201	68	Alexandre, gr.	Rémond, not.	»
		Mathé, Philibert.	500	44	exempté.	»	»			
		Moucharmont, F.	500	22	appelé.	997	41			
	Châlon-s-S.	Néant.	»	»	»	»	»	»	»	non organisé.
	Buxy.	id.	»	»	»	»	»	»	»	id.
	Chagny.	id.	»	»	»	»	»	»	»	id.
	Givry.	id.	»	»	»	»	»	»	»	id.
	Mont-S.-Vinc.	Petit, Jean-Marie.	100	48	exempté.	»	»	Delay, gref.	Callard, not.	»
	S.-Germain.	Néant.	»	»	»	»	»	Riboulet, gref.	»	»
	S.-Martin-en-B	id.	»	»	»	»	»	»	»	non organisé.
	Sencey-le-Gr.	id.	»	»	»	»	»	»	»	id.
	Verdun-s-le-D	id.	»	»	»	»	»	»	»	id.
	Charolles.	id.	»	»	»	»	»	Druet, secrét.	»	»
	Bourbon-Lanc.	id.	»	»	»	»	»	»	»	non organisé.
	Chauffailles.	id.	»	»	»	»	»	»	»	id.
	La Clayette.	id.	»	»	»	»	»	Plassard, gref.	»	»
	Digoin.	id.	»	»	»	»	»	»	»	non organisé.
	Gueugnon.	Devillars, Franç.	400	1	appelé.	803	06	Jourdeuil, gref.	Nectoux, not.	»
		À reporter.	409,800	»	»	405,352	92			

SAONE-ET-LOIRE. SARTHE.

DÉPARTEMENTS.	CANTON où le Souscripteur a concouru au tirage au sort.	NOMS et PRÉNOMS des SOUSCRIPTEURS.	Montant de la souscription.	N° échu au tirage au Souscripteur.	Résultat des décisions du Conseil de révision touchant le Souscripteur.	SOMME brute revenant au Souscripteur frappé par le sort.		NOMS ET QUALITÉS de MM. les Directeurs qui ont reçu la souscription.	de MM. les Dépositaires des fonds de l'Association.	Observations.
		Report.	409,800	»	»	405,352	92	»	»	»
Saône-et-Loire.	Gueugnon.	Viturat, Claude.	600	73	exempté.	»	»			»
		Baclot, Marie.	400	54	exempté.	»	»			
		Barbarin, Franç.	200	22	appelé.	403	74	Jourdeuil, gref.	Nectoux , not.	
		Dumoux, Pierre.	100	75	exempté.	»	»			
	La Guiche.	Néant.	»	»	»	»	»	De Rochemont.	»	»
	Marcigny.	id.	»	»	»	»	»	»	»	non organisé.
	Palinges.	id.	»	»	»	»	»	»	»	id.
	Paray.	id.	»	»	»	»	»	»	»	id.
	S-Bonnet-de-J.	id.	»	»	»	»	»	»	»	id.
	Semur.	id.	»	»	»	»	»	»	»	id.
	Toulon-s.-Arr.	id.	»	»	»	»	»	Couquis, gref.	»	»
	Loubans.	id.	»	»	»	»	»	»	»	non organisé.
	Beaurepaire.	id.	»	»	»	»	»	Mercey, gref.	»	»
	Cuiseaux.	id.	»	»	»	»	»	»	»	non organisé.
	Cuisery.	Coutier, Jacques.	700	9	appelé.	1,372	37			
		Terrier, Jean-B.	600	87	exempté.	»	»	Chatelet, gref.	Royer, notaire.	»
		Laurent, Antoine	600	19	appelé.	1,178	47			
	Montpont.	Néant.	»	»	»	»	»	»	»	non organisé.
	Montret.	Béclère, Jean-V.	600	2	appelé.	1,178	47	Bidaut, gref.	Rebillard, not.	»
	Pierre.	Néant.	»	»	»	»	»	»	»	non organisé.
	Saint-Germain.	id.	»	»	»	»	»	»	»	id.
Sarthe.	Le Mans.	Néant.	»	»	»	»	»	Leroy.	»	»
	Ballon.	id.	»	»	»	»	»	»	»	non organisé.
	Conlie.	id.	»	»	»	»	»	»	»	id.
	Ecommoy.	id.	»	»	»	»	»	»	»	id.
	Loué.	id.	»	»	»	»	»	»	»	»
	Montfort.	Haloppé, Jacques.	400	42	appelé.	803	06	Habert, secrétaire de la M.	Le Couturier de Courcy, not.	»
		Dubois, François.	700	3	exempté.	»	»			
	Sillé.	Néant,	»	»	»	»	»	Maslin, greffier,	Bachelier, not.	»
	La Suze.	id.	»	»	»	»	»	»	»	non organisé.
	La Flèche.	Turquais, Pierre.	500	113	exempté.	»	»	Denneville, pr. à la Flèche.	Lemercier, not.	»
	Malicorne.	Barrier, Joseph.	500	81	exempté.	»	»			
	Brulon.	Néant.	»	»	»	»	»	»	»	non organisé.
	Le Lude.	id.	»	»	»	»	»	»	»	id.
	Malicorne.	id.	»	»	»	»	»	Coutelle, gref.	»	»
	Mayet.	Guillier, Jacques	100	20	exempté.	»	»	Peltier, percep.	Drouineau, not.	»
	Pontvalain.	Néant.	»	»	»	»	»	Richard, prat.	Dupuy, not.	»
	Sablé.	Pontonier, N.-A.	300	119	exempté.	»	»			
		Nail, Louis-Hub.	500	64	appelé.	997	41			
		Chevallier, J-A.	600	106	appelé.	1,178	47	Archambault.	Cherouvrier, n.	»
		Bourgeois, J.-B.	500	105	appelé.	997	41			
		Bodinier, Const.	300	60	exempté.	»	»			
	Mamers.	Néant.	»	»	»	»	»	Abot-Lacroix, à Mamers.	Hérissay, not.	»
	La Fresnaye.	Minier, Adolphe.	900	61	exempté.	»	»			
	Beaumont.	Lambert, Léon.-P	500	66	exempté.	»	»			
		Hervé, René-Fr.	400	87	exempté.	»	»	Poilpré, chevalier de la légion d'honneur.	Dumans, not.	»
		Gaillet, Louis.	400	4	exempté.	»	»			
		Dezalay, Louis.	800	108	exempté.	»	»			
		Hedon, Julien.	500	73	appelé.	997	41			
		Guillard, L.-M.	600	12	appelé.	1,178	47			
	Bonnétable.	Néant.	»	»	»	»	»	»	»	non organisé.
	La Ferté-Bern.	Messager, Julien.	500	116	exempté.	»	»	Davoust, not.	Davoust, not.	»
	Fresnay-s-Sart.	Trezain, René.	800	101	exempté.	»	»	Brière, greffier. à Fresnay.	»	»
		Dutertre, Pierre.	600	55	appelé.	1,178	47			
		A reporter.	424,000	»	»	416,816	67			

SARTHE. SEINE.

Départements.	Canton où le Souscripteur a concouru au tirage au sort.	Noms et prénoms des souscripteurs.	Montant de la souscription.	N° échu au tirage au Souscripteur.	Résultat des décisions du Conseil de révision touchant le Souscripteur.	Somme brute revenant au Souscripteur frappé par le sort.		Noms et qualités de MM. les Directeurs qui ont reçu la Souscription.	de MM. les Dépositaires des fonds de l'Association.	Observations.
		Report.	424,000	»	»	416,816	67	»	»	»
	Fresnay – sur – Sarthe.	Lebreton, Adrien.	600	70	appelé.	1,178	47	Brière, greffier à Fresnay.	Hathon, not.	»
		Galpin, René.	500	3	appelé.	997	41			
		Tronchet, Franc.	600	42	appelé.	1,178	47			
		Courtin, Pierre-C	600	153	exempté.	»	»			
		Hérisson, E.-F.-P.	700	65	appelé.	1,372	37			
	Saint–Pater.	Planchais, Jean.	700	48	appelé.	1,372	37			
	La Fresnaye.	Néant.	»	»	»	»	»	»	»	non organisé.
	Marolles-les-Br.	id.	»	»	»	»	»			
Sarthe.	Ballon.	Girault, Mathur.	600	9	appelé.	1,178	47	Connin, gref.	Grignon, not.	»
		Drouet, Joseph-J.	600	130	exempté.	»	»			
	Montmirail.	Néant.	»	»	»	»	»	»	»	non organisé.
	Saint–Pater.	id.	»	»	»	»	»	Langlois, huis.	»	»
	Tuffé.	Boinet, Aug.-Luc.	500	46	appelé.	997	41	Ballu, greffier.	Perdreau, not.	»
	Saint-Calais.	Néant.	»	»	»	»	»	Coisnard, gref.	Prégent, not.	»
	Bouloire.	Marquet, Louis-N	400	35	appelé.	803	06	Coisnard Desganeries, gr. à Bouloire.	Bert, notaire.	»
		Brossard, Louis.	600	47	appelé.	1,178	47			
		Cordelet, J.-L.-E	700	12	appelé.	1,372	37			
		Marchau, Pierre-L	200	59	exempté.	»	»			
		Cormier, Joseph.	100	20	appelé.	201	68			
		Leproust, René.	700	71	exempté.	»	»			
		Chaussée, Vinc.-A	600	64	appelé.	1,178	47			
		Janvier, Zoé-Jean	600	89	exempté.	»	»			
		Vallée, Jacques.	500	80	exempté.	»	»			
		Lehoux, Julien.	500	4	appelé.	997	41			
	Château-du-Loir	Néant.	»	»	»	»	»	Lespinasse, h.	»	»
	La Châtre.	id.	»	»	»	»	»	»	»	non organisé.
	Le Grand-Lucé.	Rouillier, B.–J.	400	44	appelé.	803	06	Coisnard, gref.	Prégent, not.	»
	Vibraye.	Leroy, Joseph.	500	91	exempté.	»	»	Coisnard Desganeries, gr. à Bouloire.	Lottin, notaire.	»
		Lesiourd, Louis.	300	87	exempté.	»	»			
		Gruau, Jean.	700	64	appelé.	1,372	37			
		Dutertre, Jean.	600	68	exempté.	»	»			
		Vadé, Jacques.	600	55	exempté.	»	»			
		Provost, Auguste.	900	5	appelé.	1,769	75			
		Gouault, Auguste	500	62	exempté.	»	»			
		Pean, Joseph.	200	18	exempté.	»	»			
		Goulet, Denis.	300	56	appelé.	604	51			
Seine.	Paris (2e arr.)	Palyart, Marie-F.	800	115	appelé.	1,558	64	La Direction générale.	Debière, not. à Paris.	»
	Paris (3e arr.)	Grattepain, Ch.	800	14	appelé.	1,558	64			
		De Courcelle, H.	600	238	exempté.	»	»			
		Mignard, L.-V.-H	600	97	appelé.	1,178	47			
	Paris (5e arr.)	Sevin, Constant.	700	189	appelé.	1,372	37			
		Chapelier, Fr.-P.	500	210	exempté.	»	»			
		Lambert, Auguste	400	152	appelé.	803	06			
		Alexandre, G-M.	600	131	appelé.	1,178	47			
	Paris (6e arr.)	de Beauvais, A-G	400	385	exempté.	»	»			
		Dumont, Ch.-G.	800	15	appelé.	1,558	64			
		Noiret, Hon.-Fl.	600	104	appelé.	1,178	47			
		Faroux, Louis-J.	600	321	exempté.	»	»			
	Paris (8e arr.)	Vandouer, Hyp.-J	400	339	exempté.	»	»			
		Léger, M.-N.-L.	600	511	exempté.	»	»			
	Paris (9e arr.)	Descrivan, Cl.-J.	500	303	appelé.	997	41			
	Paris (10e arr.)	Vedre, J.-P.-I.-A.	500	162	appelé.	997	41			
		Queux, J.-B.-R.	500	195	appelé.	997	41			
	Paris (11e arr.)	Pollart, Alphonse	800	153	appelé.	1,558	64			
		A reporter.	450,000	»	»	450,310	42			

SEINE. SEINE-INFÉRIEURE.

DÉPARTEMENTS.	CANTON où le Souscripteur a concouru au tirage au sort.	NOMS et PRÉNOMS des SOUSCRIPTEURS.	Montant de la souscription.	N° échu au tirage au Souscripteur.	Résultat des décisions du Conseil de révision touchant le Souscripteur.	SOMME brute revenant au Souscripteur frappé par le sort.		de MM. les Directeurs qui ont reçu la souscription.	de MM. les Dépositaires des fonds de l'Association.	Observations.
		Report. .	450,000	»	»	450,310	42	»	»	»
	Paris (11e arr.)	HALPHEN, Louis-A.	600	104	appelé.	1,178	47			»
		RICHARD, Louis-A.	700	35	appelé.	1,372	37			
		CHOPPIN, J.-P.-A.	600	124	appelé.	1,178	47			
		THUREAU, Ch.-H.	600	113	appelé.	1,178	47			
	Paris (12e arr.)	DEFRASSE, Auguste	700	372	exempté.	»	»			
		RICHARD, Jean-L.	500	294	exempté.	»	»			
	Saint-Denis.	VAILLANT, Eme-L.	800	152	exempté.	»	»			
		POMMEREAU, L-E.	800	179	exempté.	»	»			
	Sceaux.	LECHEVALLIER, A.	500	16	appelé.	997	41			
Seine.	Caudebec (S.-I.)	LECOINTRE, Jean.	600	111	exempté.	»	»			
	Versailles (nord)	DERIBLE, J.-B.-M.	700	28	appelé.	1,372	37	La Direction générale.	Debière, not. à Paris.	»
	Saint-Germain.	MORLOT, Nicolas-G	500	30	appelé.	997	41			
	Longjumeau (Seine-et-Oise)	GIRARD, Gabriel.	500	98	exempté.	»	»			
		GARCONNAT, Alex.	500	88	exempté.	»	»			
	Arpajon (S-et-O)	BAUDOIN, Louis-C.	500	39	appelé.	997	41			
	Vic - sur - Cère (Cantal).	BRIANÇON, Louis.	600	100	exempté.	»	»			
		JULHE, Jean.	600	31	appelé.	1,178	47			
	Guingamp.	LETANCONNER, P.	400	45	exempté.	»	»			
	Rochefort (C.-I.)	MONTAIGU, P.-A.	600	65	appelé.	1,178	47			
	Nogent-le-Rotr.	PAUTONNIER, F-J.	700	43	exempté.	»	»			
	Bordeaux (3 a.)	BONNET, Henri.	800	74	appelé.	1,558	64			
	Auzon (H-Loire)	DONIOL, Gilbert.	200	12	appelé.	403	74			
	Doulevent (Mar)	VINCENT, Alexis-A.	600	24	appelé.	1,178	47			
	Carouges (Orne)	PICOT, François-J.	300	51	appelé.	604	51			
	Clermont, P. D.	DINCOURTDEMETZ	500	22	appelé.	997	41			
	Saint-Denis.	DUVAUX, Claude-C	400	168	exempté.	»	»	Lannois, clerc.	Lebel, notaire.	»
	Courbevoie.	Néant.	»	»	»	»	»	»	»	non organisé.
	Neuilly.	id.	»	»	»	»	»	Georges, prop.	»	»
	Pantin.	id.	»	»	»	»	»	»	»	non organisé.
	Sceaux.	id.	»	»	»	»	»	»	»	id.
	Charenton-le-Pont.	LAFAYE, Louis-Al.	100	14	appelé.	201	68	Lefranc, huiss. à Bercy.	Lefranc, huiss. à Bercy.	»
		VOISIN,, André-A.	300	84	exempté.	»	»			
	Villejuif.	Néant.	»	»	»	»	»	Hénault gref.	Anne, notaire.	»
	Vincennes.	id.	»	»	»	»	»	De Champs, n.	Dechamps, not.	» .
	Rouen.	BARBIER, C.-L.-G.	600	368	appelé.	1,178	47	Desportes, pro. à Rouen.	Innocent, not.	»
	Elbeuf.	LESAGE, Alex.-Th-	600	238	exempté.	»	»			
	Boos.	Néant.	»	»	»	»	»	»	»	non organisé.
	Buchy.	id.	»	»	»	»	»	»	»	id.
	Clères.	id.	»	»	»	»	»	»	»	id.
Seine-Inférieure.	Darnetal.	id.	»	»	»	»	»	Jeanduvivray.	»	»
	Duclair.	id.	»	»	»	»	»	»	»	non organisé.
	Elbeuf.	id.	»	»	»	»	»	Baratte, gref.	Auncy, notaire.	»
	Grandcouronne	id.	»	»	»	»	»	»	»	non organisé.
	Maromme.	id.	»	»	»	»	»	Acheray, gref.	»	»
	Pavilly.	id.	»	»	»	»	»	»	»	non organisé.
	Dieppe.	id.	»	»	»	»	»	Quenin, agent.	»	»
	Bacqueville.	BOUTILLIER, L.-I.	600	25	appelé.	1,178	47	Fontaine, secr. de la mairie.	Lemaréchal, n.	»
		PICOT, Franc.-M-l.	600	53	appelé.	1,178	47			
	Bellencombre.	Néant.	»	»	»	»	»	»	»	non organisé.
	Envermeu.	id.	»	»	»	»	»	»	»	id.
	Eu.	id.	»	»	»	»	»	»	»	id.
	Longueville.	id.	»	»	»	»	»	»	»	id.
	Offranville.	POISSON, Benoît.	600	93	exempté.	»	»	Legras , huiss. à Offranville.	Legras, not.	»
	Bacqueville.	POIDEVIN, Aug.-O.	600	79	appelé.	1,178	47			
		À reporter. .	468,800	»	»	471,598	07			

SÉINE-INFÉRIEURE. SEINE-ET-MARNE.

DÉPARTEMENTS.	CANTON où le Souscripteur a concouru au tirage au sort.	NOMS et PRÉNOMS des SOUSCRIPTEURS.	Montant de la souscription.	N° échu au tirage au Souscripteur.	Résultat des décisions du Conseil de révision touchant le Souscripteur.	SOMME brute revenant au Souscripteur frappé par le sort.		NOMS ET QUALITÉS de MM. les Directeurs qui ont reçu la souscription.	NOMS ET QUALITÉS de MM. les Dépositaires des fonds de l'Association.	Observations.
		Report.	468,800	»	»	471,598	07	»	»	»
Seine-Inférieure.	Tôtes.	Néant.	»	»	»	»	»	»	»	non organisé.
	Le Hâvre.	id.	»	»	»	»	»	»	»	id.
	Bolbec.	Veniard, Adolp.-F	500	70	appelé.	997	41	Legay, gref.	»	»
	Criquetot.	Néant.	»	»	»	»	»	»	»	non organisé.
	Fécamp.	id.	»	»	»	»	»	Vallet, gref.	»	»
	Goderville.	id.	»	»	»	»	»	»	»	non organisé.
	Ingouville.	id.	»	»	»	»	»	Le Berthier, gr.	»	»
	Lillebonne.	id.	»	»	»	»	»	Fosset, greffier.	»	»
	Montivilliers.	id.	»	»	»	»	»	»	»	non organisé.
	St.-Romain.	id.	»	»	»	»	»	»	»	id.
	Neufchâtel.	id.	»	»	»	»	»	Accard, négoc.	»	»
	Argueil.	id.	»	»	»	»	»	»	»	non organisé.
	Aumale.	Léger, François.	200	12	appelé.	403	74	Pognie, gref.	Chevalier, not.	»
		Sacquepée, J-U-C	900	52	appelé.	1,769	75			
		Labitte, J.-A.-E	1000	72	exempté.	»	»			
	Blangy.	Néant.	»	»	»	»	»	Buquet, gref.	»	»
	Forges-les-E.	Gavelle, Augustin	500	23	appelé.	997	41	Moinet, perc.	»	»
	Gournay-en-B.	Delamotte, F.-A.	700	71	exempté.	»	»	Dourlens, gref.	Bourgeois, not.	»
	Londinières.	Ledru, F-A Ledru, F-C jum.	1000	45 33	exempté. appelé.	2,029	75	Flavien, gref.	»	»
	St-Saëns.	Néant.	»	»	»	»	»	»	»	non organisé.
	Yvetot.	id.	»	»	»	»	»	Lecomble, arc.	»	»
	Cany.	id.	»	»	»	»	»	»	».	non organisé.
	Caudebec.	id.	»	»	»	»	»	»	»	id.
	Doudeville.	id.	»	»	»	»	»	Lelong, gref.	»	»
	Fauville.	id.	»	»	»	»	»	Quenac gref.	»	»
	Fontaine.	id.	»	»	»	»	»	»	»	non organisé.
	Ourville.	id.	»	»	»	»	»	Lelièvre, gref.	»	»
	S.-Valery-en-C.	id.	»	»	»	»	»	Godefroy, gref.	»	»
	Valmont.	id.	»	»	»	»	»	Palfray, prop.	St-Riquier, not.	»
	Yerville.	id.	»	»	»	»	»	»	»	non organisé.
Seine-et-Marne.	**Melun** (nord).	Villeneuve, Fréd	200	52	exempté.	»	»	Goll, ex-offic.	Lhuiller, not.	»
	Bric-Comte-R.	Néant.	»	»	»	»	»	Poussard, gref.	»	»
	Le Chatelet.	id.	»	»	»	»	»	»	»	non organisé.
	Mormant.	id.	»	»	»	»	»	»	»	id.
	Tournan.	id.	»	»	»	»	»	»	»	id.
	Coulommier	id.	»	»	»	»	»	Berthier.	Dufour, not.	»
	La Ferté-Gauc.	id.	»	»	»	»	»	Mayer.	»	»
	Rebais.	Moulin, Denis-E.	600	3	appelé.	1,178	47	Streich, gref.	Noel, huissier.	»
		Langlois, D.-A.	200	53	exempté.	»	»			
	Rozoy.	Néant.	»	»	»	»	»	Fillon, ex-offic.	»	»
	Fontainebl.	id.	»	»	»	»	»	Surodet, prép.	Bouchonnet, n.	»
	La Chapelle-la-Reine.	Paillard, A.-L.-D	500	55	exempté.	»	»	Paillard, gref.	Lecœur, not.	»
		Charpagne, P.-E.	500	6	appelé.	997	41			
	Château-Land.	Néant.	»	»	»	»	»	Etlinger gref.	»	»
	Lorrez-le-B.	id.	»	»	»	»	»	Mestier, gref.	»	»
	Montereau.	id.	»	»	»	»	»	»	»	non organisé.
	Moret.	id.	»	»	»	»	»	Piffault, gref.	Hardivillier, n.	»
	Nemours.	id.	»	»	»	»	»	Bellier, gref.	Saunier, not.	»
	Meaux.	id.	»	»	»	»	»	Carro, imprim.	De la Brunière.	»
	Claye.	Jardin, Pierre-J.	800	68	exempté.	»	»	Musard. gref.	Barizet, not.	»
	Crécy.	Néant.	»	»	»	»	»	»	»	non organisé.
	Dammartin.	id.	»	»	»	»	»	»	»	id.
	La Ferté-sous-J.	id.	»	»	»	»	»	Huron, gref.	Yvonnet, not.	»
		A reporter.	476,400	»	»	479,972	01			

SEINE-ET-MARNE. SEINE-ET-OISE. DEUX-SÈVRES.

DÉPARTEMENTS.	CANTON où le Souscripteur a concouru au tirage au sort.	NOMS et PRÉNOMS des SOUSCRIPTEURS.	Montant de la souscription.	N° échu au tirage au Souscripteur.	Résultat des décisions du Conseil de révision touchant le Souscripteur.	SOMME brute revenant au Souscripteur frappé par le sort.		NOMS ET QUALITÉS de MM. les Directeurs qui ont reçu la souscription.	de MM. les Dépositaires des fonds de l'Association.	Observations.
Seine-et-Marne.		Report.	476,400	»	»	479,972	01	»	»	»
	Lagny.	Néant.	»	»	»	»	»	Lavorin, gref.	»	»
	Lisy-sur-Ourcq.	id.	»	»	»	»	»	Drouineau. gr.	»	»
	Provins.	VIGNOT, Antoine.	500	65	exempté.	»	»	Senet, greffier. à Provins.	Callau, notaire.	»
	Bray-sur-Seine.	RAYER, Jean-Bapt.	800	107	exempté.	»	»			»
	Bray-sur-Seine.	FOURTIER, P.-A.	600	51	exempté.	»	»	Briois, gref.	Dauvet, not,	»
	Donnemarie.	Néant.	»	»	»	»	»	»	»	non organisé.
	Nangis.	FOUINAT, H.-P.-A.	600	44	appelé.	1,178	47	Mandre, gref.	Mandre, gref.	»
		OUDIN, Louis.	600	35	exempté.	»	»			
	Villiers-St-G.	MICHEL, Honoré-J.	400	73	exempté.	»	»	Haquin, gref.	Haquin, gref.	»
		LHUILLIER, P.-A.	100	10	appelé.	201	68			
		SOUY, François-E.	400	27	appelé.	803	06			
		DURAND, Jules-N.	400	59	appelé.	803	05			
Seine-et-Oise.	**Versailles** (s.)	GAUTIER, Joseph.	700	45	exempté.	»	»	Dubreuil, ex-négociant.	Lenoble, not.	»
	Versailles (ouest	FAUDEMAY, A.-S.	700	32	exempté.	»	»			
	Argenteuil.	Néant.	»	»	»	»	»	»	»	non organisé.
	Marly-le-Roi.	FILLIÈTE, Léon-C.	1000	100	exempté.	»	»	Sevin, greffier.	Huvet, notaire.	»
		BISSONNET, Fél.-D.	1000	42	appelé.	2,029	75			
	S-Germain-en-L	HAPPE, Pierre-Fél.	1000	38	appelé.	2,029	75			
	Meulan.	Néant.	»	»	»	»	»	Cécile, gref.	Péringier, not.	»
	Palaiseau.	id.	»	»	»	»	»	»	»	non organisé.
	Poissy.	id.	»	»	»	»	»	Penelle, gref.	»	»
	Saint-Germain.	id.	»	»	»	»	»	Rolot, greffier.	»	»
	Sèvres.	LOISEAU, Louis-L.	800	20	appelé.	1,558	64	Bénard, prop.	»	»
		BRETON, P.-J.-B.	500	42	appelé.	997	41			
	Corbeil.	Néant.	»	»	»	»	»	Lefranc, huiss.	»	»
	Arpajon.	id.	»	»	»	»	»	»	»	non organisé.
	Boissy-St-Léger	id.	»	»	»	»	»	»	»	id.
	Longjumeau.	id.	»	»	»	»	»	Courtois, prop.	»	»
	Étampes.	id.	»	»	»	»	»	»	»	non organisé.
	La Ferté-Aleps.	id.	»	»	»	»	»	»	»	id.
	Méréville.	id.	»	»	»	»	»	»	»	id.
	Milly.	MOLLARD, M.-V.-I.	800	49	exempté.	»	»	Labille, c.-gref.	Guillaumeron, not. à Maisse.	»
		LEBERT, Jacques-G	800	22	appelé.	1,558	64			
		BIZORD, Alexis-X.	800	44	exempté.	»	»			
	Mantes.	Néant.	»	»	»	»	»	Gasguin, gref.	»	»
	Bonnières.	HEBERT, Louis-H.	600	44	appelé.	1,178	47	Marcel, propr.	Boucher, not.	»
	Houdan.	MESLIER, Th.-Z.	500	24	appelé.	997	41	Rousseau, c-gr.	Mithouard, n.	»
	Limay.	Néant.	»	»	»	»	»	»	»	non organisé.
	Magny.	id.	»	»	»	»	»	Dufour, gref.	Bellet, notaire.	»
	Pontoise.	id.	»	»	»	»	»	Lamarre, gref.	Touchard, not.	»
	Écouen.	id.	»	»	»	»	»	Mestral. gref.	»	»
	Gonesse.	id.	»	»	»	»	»	Largier, huiss.	»	»
	Ile-Adam.	id.	»	»	»	»	»	Dalifare, prop.	»	»
	Luzarches.	id.	»	»	»	»	»	Testard, huiss.	»	»
	Marines.	id.	»	»	»	»	»	»	»	non organisé.
	Montmorency.	id.	»	»	»	»	»	Hubert. gref.	»	»
	Rambouillet	id.	»	»	»	»	»	Auger, gref.	»	»
	Chevreuse.	id.	»	»	»	»	»	Bourgeois, gr.	»	»
	Dourdan.	id.	»	»	»	»	»	»	»	»
	Limours.	id.	»	»	»	»	»	»	»	non organisé.
	Montfort.	id.	»	»	»	»	»	Lair, propriét.	»	id.
Deux-Sèvres.	**Niort.**	Néant.	»	»	»	»	»	»	»	non organisé.
	Beauvoir.	id.	»	»	»	»	»	»	»	id.
		A reporter.	490,000	»	»	493,308	35			

DEUX-SÈVRES. SOMME.

DÉPARTEMENTS.	CANTON où le Souscripteur a concouru au tirage au sort.	NOMS et PRÉNOMS des SOUSCRIPTEURS.	Montant de la souscription.	N° échu au tirage au Souscripteur.	Résultat des décisions du Conseil de révision touchant le Souscripteur.	SOMME brute revenant au Souscripteur frappé par le sort.		NOMS ET QUALITÉS de MM. les Directeurs qui ont reçu la souscription.	de MM. les Dépositaires des fonds de l'Association.	Observations.
		Report.	490,000	»	»	483,308	35	»	»	»
Deux-Sèvres.	Champdeniers.	Néant.	»	»	»	»	»	»	»	non organisé.
	Coulonges.	id.	»	»	»	»	»	»	»	id.
	Frontenay.	id.	»	»	»	»	»	»	»	id.
	Mauzé.	id.	»	»	»	»	»	Jousselin, gref.	»	»
	Prahecq.	Rivard, Louis-A.	100	26	appelé.	201	68	Fouretier, gref.	»	»
	Saint-Maixent (1er canton).	Girard, François.	800	73	exempté.	»	»	Chabant, huiss.	Devalllée, not.	»
		Lauvergnat jun.	700	18	appelé.	1,372	37			
		Lauvergnat		78	exempté.	»	»			
		Drevin, Antoine.	800	52	appelé.	1,558	64			
		Bernuzeau, Pierr.	100	3	appelé.	201	68			
	Menigoutte.	Renault, Alexis.	700	58	exempté.	»	»			
	Bressuire.	Sidaine, Aug.-Fél.	500	15	appelé.	997	41			
	Moncoutant.	Baribault, P-B-C.	700	53	appelé.	1,372	37	Vaslin, géomèt. à Bressuire.	Hery, notaire, à Bressuire.	»
	Châtillon-sur-S.	Peltier, Henri-D.	700	87	exempté.	»	»			
		Paineau, Marie-J.	700	90	exempté.	»	»			
		Bodin, Jean-Bapt.	400	47	appelé.	803	06			
	Argenton-Chât.	Néant.	»	»	»	»	»	Boulanger. gr.	Millault, not.	»
	Cerisay.	id.	»	»	»	»	»	Fradin, gref.	Cadet, notaire.	»
	Châtillon-sur-S.	id.	»	»	»	»	»	»	»	non organisé.
	Saint-Varens.	id.	»	»	»	»	»	Laire Bontemps	»	»
	Thouars.	Robin, Pierre.	400	76	exempté.	»	»	Laire Bontemps dir. des p.	Laire-Bontemps	»
		Denet, Jean.	400	79	exempté.	»	»			
	Melle.	Néant.	»	»	»	»	»	Logeay, gref.	»	»
	Brioux.	Gervais, Jean.	500	79	exempté.	»	»	Menard, gref.	Pipaud, not.	»
	Celles.	Dubreuil, René.	300	68	exempté.	»	»	Morillon, gref.	Aymé, notaire.	»
		Nicolas, François.	500	45	appelé.	997	41			
	Chef-Boutonne.	Néant.	»	»	»	»	»	»	»	non organisé.
	Lezay.	Baudouin, Daniel.	100	1	exempté.	»	»	Bonnet, gref.	Sauzé, notaire.	»
		Magnien, Jacques.	100	3	appelé.	201	68			
	La Mothe-St-H	Néant.	»	»	»	»	»	Richard, gref.	»	»
	Sauzé-Vaussais.	Rousseau, Pierre.	400	98	exempté.	»	»	Dupit, gref.	Rousseau, not.	»
		Trouvé, Jacques.	400	101	exempté.	»	»			
	Parthenay.	Néant.	»	»	»	»	»	»	»	non organisé.
	Airvault.	id.	»	»	»	»	»	»	»	id.
	Mazières.	Babin, René.	300	74	exempté.	»	»	Pastureau, gr.	Granger, not.	»
	Menigoutte.	Néant.	»	»	»	»	»	Guérin, gref.	Pelisson, not.	»
	Moncoutant.	id.	»	»	»	»	»	»	»	non organisé.
	Saint-Loup.	id.	»	»	»	»	»	»	»	id.
	Secondigny.	id.	»	»	»	»	»	»	»	id.
	Thenezay.	id.	»	»	»	»	»	»	»	id.
Somme.	**Amiens** (S-O)	Dupuis, C.-F.-H.	100	7	appelé.	201	68	Herbet-Picard.	Soyer, notaire.	»
	Conty.	Néant.	»	»	»	»	»	Decagny, huis.	»	»
	Corby.	Fournier, Fr.-E.	500	29	exempté.	»	»	Harmaville, sec.	Lavoix, not.	»
	Hornoy.	Néant.	»	»	»	»	»	»	»	non organisé.
	Molliens-Vidame.	Cléry, P.-F.-J.-E.	100	106	exempté.	»	»	Dizambourg, percepteur.	Magnier, not.	»
		Lequien, A-P-J-B.	400	78	exempté.	»	»			
	Oisemont.	Néant.	»	»	»	»	»	»	»	non organisé.
	Picquigny.	id.	»	»	»	»	»	Niquet, percep.	»	»
	Poix.	id.	»	»	»	»	»	»	»	non organisé.
	Sains.	Thorel, Casimir.	700	102	exempté.	»	»	Gonse, gref.	Gonse.	»
		Coffin, Arsène.	600	61	appelé.	1,178	47			
		Demailly, Ern.-P	600	57	appelé.	1,178	47			
		Rabouille, Parf.	700	56	appelé.	1,372	37			
		Bernart, Alph.	700	19	exempté.	»	»			
		A reporter.	504,000	»	»	504,945	64			

SOMME. TARN.

Départements.	Canton où le Souscripteur a concouru au tirage au sort.	Noms et Prénoms des Souscripteurs.	Montant de la souscription.	N° échu au tirage au Souscripteur.	Résultat des décisions du Conseil de révision touchant le Souscripteur.	Somme brute revenant au Souscripteur frappé par le sort.		Noms et Qualités de MM. les Directeurs qui ont reçu la souscription.	de MM. les Dépositaires des fonds de l'Association.	Observations.
		Report.	504,000	»	»	504,945	64	»	»	»
	Sains.	CARON, Alfred-G.	400	79	exempté.	»	»			
		JOURDAIN, Aug.-E.	500	82	exempté.	»	»			
		BERNART, Etienne.	700	66	appelé.	1,372	37	Gonse, greffier à Sains.	Gonse.	»
	Villers–Bocage.	CARPENTIER, J.-B.	700	156	exempté.	»	»			
		LHOTTE, Pierre.	700	34	appelé.	1,372	37			
		DUCROQUET, Am.	600	10	appelé.	1,178	47			
	Conty.	WALLET, Théoph.	500	7	exempté.	»	»			
	Villers–Bocage.	CARRÈTE, Dom.-V	800	88	appelé.	1,558	64	Roux, greffier.	»	»
		CARPENTIER, Fr.	600	47	appelé.	1,178	47			
		DAILLY, Théop.-A.	700	44	appelé.	1,372	37			
	Abbeville.	Néant.	»	»	»	»	»	Flandrin, clerc, à Abbeville.	»	»
	Ault.	BECQUET, Jos.-Th.	800	74	appelé.	1,558	64			
	Ailly-le-Haut-Cl.	MAQUET, Pierre-M.	600	74	exempté.	»	»	Ducloy, huiss. à Ailly-le-H.-Cl.	Pruvost, not.	»
	Crécy.	GRICOURT, Isid.-C.	600	39	appelé.	1,178	47			
	Ault.	DELAHAYE, Fr.-A.	600	72	appelé.	1,178	47	Flament, perc.	Godquin, not.	»
		DUNEUF, G.-P.-N.	700	70	appelé.	1,372	37			
		TARATRE, J.-L.-A.	800	66	appelé.	1,558	64			
		GRANDSERT, P.-F.	800	41	appelé.	1,558	64			
Somme.	Crécy.	LECLERCQ, P.-F.-H	600	102	exempté.	»	»	Facquer, secrét. de la mairie.	Telliez, notaire.	»
		GAMBIER, Franç.-T	500	100	exempté.	»	»			
		LOVERGNE, Const.	300	53	exempté.	»	»			
	Gamache.	Néant.	»	»	»	»	»	Cacheleux, ins.	»	»
	Hallencourt.	id.	»	»	»	»	»	»	»	non organisé.
	Moyenneville.	id.	»	»	»	»	»	Marque, huiss. à Moyenneville.	Anquier, not.	»
	Saint-Valery.	COCAUX, L.-C.-A.	400	92	exempté.	»	»			
	Nouvion.	Néant.	»	»	»	»	»	Flandrin, huis.	»	»
	Rue.	LOISEL, Alexand.-A	300	106	exempté.	»	»	Bourgeois, huis.	Loisel, notaire.	»
		PAULET, Charles-T	3 0	64	exempté.	»	»			
		LASSALLE, Louis-T.	3 0	100	exempté.	»	»			
	Saint-Valery.	Néant.	»	»	»	»	»	»	»	non organisé.
	Doullens.	id.	»	»	»	»	»	Bouchez, com.	Warné. notaire.	»
	Acheux.	id.	»	»	»	»	»	»	»	non organisé.
	Bernaville.	id.	»	»	»	»	»	Brasseur, nég.	»	»
	Domart.	id.	»	»	»	»	»	»	»	non organisé.
	Montdidier.	id.	»	»	»	»	»	»	»	id.
	Ailly-sur-Noye.	id.	»	»	»	»	»	»	»	id.
	Moreuil.	id.	»	»	»	»	»	Harlay, gref.	»	»
	Rozières.	id.	»	»	»	»	»	»	»	non organisé.
	Roye.	id.	»	»	»	»	»	Canis, greffier.	»	»
	Péronne.	LENEUTRE, Ildef.	600	27	appelé.	1,178	47	Henique, gref.	Marchandise.	»
		LEROY, Louis-F.-E.	600	38	appelé.	1,178	47			
		DERMIGNY, M-C-C	500	26	exempté.	»	»			
	Albert.	Néant.	»	»	»	»	»	»	»	non organisé.
	Bray.	id.	»	»	»	»	»	»	»	id.
	Chaulnes.	id.	»	»	»	»	»	»	»	id.
	Combles.	id.	»	»	»	»	»	Dubois, gref.	»	»
	Ham.	id.	»	»	»	»	»	»	»	non organisé.
	Nesle.	id.	»	»	»	»	»	Bonon, gref.	»	»
	Roisel.	id.	«	»	»	»	»	»	»	non organisé.
Tarn.	Alby.	JULIA, Prosper.	400	104	exempté.	»	»	Cazajeux, fondé de pouvoirs du payeur	Julia, notaire.	»
		SEGUIER, Antoine.	100	109	exempté.	»	»			
		CORNUS, Jean-Ant.	400	134	exempté.	»	»			
		MAILHOL, Antoine.	400	1	appelé.	803	06			
		CANCÉ, Antoine.	200	48	exempté.	»	»			
		A reporter.	521,000	»	»	524,543	56			

TARN. TARN-ET-GARONNE.

DÉPARTEMENTS.	CANTON où le Souscripteur a concouru au tirage au sort.	NOMS et PRÉNOMS des SOUSCRIPTEURS.	Montant de la souscription.	N° échu au tirage au Souscripteur.	Résultat des décisions du Conseil de révision touchant le Souscripteur.	SOMME brute revenant au Souscripteur frappé par le sort.		NOMS ET QUALITÉS de MM. les Directeurs qui ont reçu la souscription.	de MM. les Dépositaires des fonds de l'Association.	Observations.
		Report.	521,000	»	»	524,543	56	»	»	»
Tarn.	Alban.	Néant.	»	»	»	»	»	»	»	non organisé.
	Monestier.	Mercadier, Firm.	600	74	exempté.	»	»	Groc, greffier.	Biscous, not.	»
		Tourreil, Anton.	300	78	exempté.	»	»			
		Groc, Jean-P.-V.	300	62	exempté.	»	»			
		Vidal, Jacq.-J.-B.	300	.10	appelé.	604	51			
		Reynes, Jean-Pier.	200	38	exempté.	»	»			
	Pampelonne.	Néant.	»	»	»	»	»	»	»	non organisé.
	Réalmont.	id.	»	»	»	»	»	»	»	id.
	Valdériès.	id.	»	»	»	»	»	»	»	id.
	Valence.	id.	»	»	»	»	»	»	»	id.
	Villefranche.	id.	»	»	»	»	»	Cathala, gref.	Ricard, not.	»
	Castres.	Guibbert, P.-E.	500	5	appelé.	997	41	Gobert, comm. négociant.	Roger, notaire.	»
		Sers, Abel.	500	134	exempté.	»	»			
	Anglès.	Néant.	»	»	»	»	»	»	»	non organisé.
	Brassac.	Martin, Jacques.	800	49	appelé.	1,558	64	Cathala, gref.	Boulade, not.	»
		Ouradou, Osmin.	500	43	appelé.	997	41			
		Pistre, Pierre.	800	25	exempté.	»	»			
		Palayzi, Jean-P.	800	10	appelé.	1,558	64			
		Fargues, François	800	72	exempté.	»	»			
		Salvetat, Louis.	600	18	appelé.	1,178	47			
	Dourgne.	Planes, Joseph-B.	500	59	appelé.	997	41	Azemar, géom.	Abrial, notaire.	»
		Maurel, Pierre.	400	71	exempté.	»	»			
		Brunel, Jean.	300	97	exempté.	»	»			
		Laval, Barth.-G.	300	45	appelé.	604	51			
	La Bruguière.	Néant.	»	»	»	»	»	»	»	non organisé.
	La Caune.	id.	»	»	»	»	»	»	»	id.
	Lautrec.	id.	»	»	»	»	»	»	»	id.
	Mazamet.	id.	»	»	»	»	»	Gayzard, secr.	Escande, not.	»
	Montredon.	id.	»	»	»	»	»	»	»	non organisé.
	Murat.	id.	»	»	»	»	»	»	»	id.
	Roquecourbe.	id.	»	»	»	»	»	»	»	id.
	Saint-Amans.	id.	»	»	»	»	»	Germain, gref.	»	»
	Vabre.	id.	»	»	»	»	»	»	»	non organisé.
	Vielmur.	Roumegous, Eug.	500	1	exempté.	»	»	Foulquier, nég.	Foulquier, not.	»
		Guirbaud, Léon-F	500	9	exempté.	»	»			
		Carivenc, Marcel.	500	28	exempté.	»	»			
	Gaillac.	Néant.	»	»	»	»	»	Foulquier.	Mercadier.	»
	Cadalen.	id.	»	»	»	»	»	»	»	non organisé.
	Castelnau-de-M	id.	»	»	»	»	»	»	»	id.
	Cordes.	id.	»	»	»	»	»	»	»	id.
	L'Isle-du-Tarn.	Icher, Vinc.-M.-L.	400	52	exempté.	»	»	Dumas, gref.	Dumas, gref.	»
	Rabastens.	Néant.	»	»	»	»	»	»	»	non organisé.
	Salvagnac.	id.	»	»	»	»	»	»	»	id.
	Vaour.	id.	»	»	»	»	»	»	»	id.
	Lavaur.	id.	»	»	»	»	»	»	»	id.
	Cuq-Toulza.	id.	»	»	»	»	»	Fares, institut.	Augé. notaire.	»
	Graulhet.	id.	»	»	»	»	»	Bouldouire, gr.	Calvet, notaire.	»
	Puylaurens.	Guiraud, Jules.	500	29	appelé.	997	41	Philippon, gref.	»	»
		Pagès, Auguste.	400	75	appelé.	803	06			
	Saint-Paul.	Néant.	»	»	»	»	»	Guyot de S.-S.	Fargues, not.	»
Tarn-et-Garonne.	**Montauban.**	Néant.	»	»	»	»	»	»	»	non organisé.
	Caussade.	id.	»	»	»	»	»	Lavergne, gref.	»	»
	Caylus.	id.	»	»	»	»	»	»	»	non organisé.
	La Française.	id.	»	»	»	»	»	»	»	id.
		A reporter.	532,300	»	»	534,841	03			

TARN-ET-GARONNE. VAR.

DÉPARTEMENTS.	CANTON où le Souscripteur a concouru au tirage au sort.	NOMS et PRÉNOMS des SOUSCRIPTEURS.	Montant de la souscription.	N° échu au tirage au Souscripteur.	Résultat des décisions du Conseil de révision touchant le Souscripteur.	SOMME brute revenant au Souscripteur frappé par le sort.		NOMS ET QUALITÉS de MM. les Directeurs qui ont reçu la souscription.	de MM. les Dépositaires des fonds de l'Association.	Observations.
		Report.	532,300	»	»	534,841	03	»	»	»
Tarn-et-Garonne.	Molières.	Néant.	»	»	»	»	»	»	»	non organisé.
	Monclar.	id.	»	»	»	»	»	Belaygue, gr.	»	»
	Montpezat.	id.	»	»	»	»	»	»	»	non organisé.
	Négrepelisse.	id.	»	»	»	»	»	Delon, gref.	Lourde de Mar.	»
	Saint-Antonin.	id.	»	»	»	»	»	Penavaire, gref.	»	»
	Villebrumier.	id.	»	»	»	»	»	»	»	non organisé.
	Castelsarasin	DOUMERC, Jean.	700	9	appelé.	1,372	37	Delibes, secrét.	»	»
	Beaumont-de-L.	Néant.	»	»	»	»	»	Bosc, greffier.	Taupiac, not.	»
	Grisolles.	id.	»	»	»	»	»	De Boussac, gr.	»	»
	Lavit.	id.	»	»	»	»	»	Bach, greffier.	»	»
	Montech.	PASTRIOT, Pierre.	100	54	exempté.	»	»	Maudon, gref.	Redon, not.	»
		ROUX, Pierre.	100	36	appelé.	201	68			
	Saint-Nicolas.	Néant.	»	»	»	»	»	»	»	non organisé.
	Verdun.	id.	»	»	»	»	»	»	»	id.
	Moissac.	id.	»	»	»	»	»	»	»	id.
	Auvillars.	id.	»	»	»	»	»	»	»	id.
	Bourg-de-Visa.	id.	»	»	»	»	»	»	»	id.
	Lauzerte.	id.	»	n	»	»	»	»	»	id.
	Montaigu.	MARTINAUT, Et.	500	8	appelé.	997	41	Lapoujade, gr.	Bezy, notaire.	»
	Valence.	Néant.	»	»	»	»	»	»	»	non organisé.
Var.	Draguignan.	Néant.	»	»	»	»	»	Foucachon. pr. à Draguignan.	Segon. notaire.	»
	Besse.	LAURE, Touss.-P.	600	16	appelé.	1,178	47		»	»
	Aups.	Néant.	»	»	»	»	»	Giroud, gref.	»	»
	Callas.	id.	»	»	»	»	»	»	»	non organisé.
	Comps.	id.	»	»	»	»	»	»	»	id.
	Fayence.	id.	»	»	»	»	»	»	»	id.
	Fréjus.	id.	»	»	»	»	»	»	»	id.
	Grimaud.	id.	»	»	»	»	»	Maille, gref.	»	»
	Lorgues.	id.	»	»	»	»	»	»	»	non organisé.
	Leluc.	id.	»	»	»	»	»	»	»	id.
	Saint-Tropez.	id.	»	»	»	»	»	»	»	id.
	Salernes.	id.	»	»	»	»	».	Bernard, gref.	Lambert, not.	»
	Brignolles.	id.	»	»	»	»	»	»	»	non organisé.
	Barjols.	id.	»	»	»	»	»	Arnoux, gref.	Trucy, notaire.	»
	Besse.	id.	»	»	»	»	»	»	»	non organisé.
	Cotignac.	id.	»	»	»	»	»	Regis. greffier.	»	»
	Rians.	id.	»	»	»	»	»	»	»	non organisé.
	La Roquebruss.	id.	»	»	»	»	n	Borme, percep.	»	»
	Saint-Maximin.	id.	»	»	»	»	»	Bayot, greffier.	»	»
	Tavernes.	id.	»	»	»	»	»	»	»	non organisé.
	Grasse.	id.	»	»	»	»	»	»	»	id.
	Antibes.	id.	»	»	»	»	»	»	»	id.
	Bar.	CIVATTE, Jean-P.	100	20	appelé.	201	68	Lions, greffier.	Seytre, notaire.	»
	Cannes.	Néant.	»	»	»	»	»	Stable, gref.	»	»
	Coursegoules.	id.	»	»	»	»	»	»	»	non organisé.
	Saint-Auban.	id.	»	»	»	»	»	Goeffroy, gref.	»	»
	Saint-Vallier.	id.	»	»	»	»	»	»	»	non organisé.
	Vence.	id.	»	»	»	»	»	Euzières, gref.	»	»
	Toulon.	id.	»	»	»	»	»	»	»	nno organisé.
	Le Beausset.	id.	»	»	»	»	»	»	»	id.
	Collobrières.	id.	»	»	»	»	»	Martin, suppl.	Grisolles, not.	»
	Cuers.	AGARRAT, Hon.-F.	500	59	exempté.	»	»	Azène, greffier.	Grisolles, not.	»
		CAMAIL, Louis.	400	36	appelé.	803	06			
		AGARRAT, Louis-J.	500	46	exempté.	»	»			
		A reporter.	535,800	»	»	539,595	70			

VAR. VAUCLUSE. VENDÉE.

Départements.	Canton où le Souscripteur a concouru au tirage au sort.	Noms et prénoms des Souscripteurs.	Montant de la souscription.	N° échu au tirage au Souscripteur.	Résultat des décisions du Conseil de révision touchant le Souscripteur.	Somme brute revenant au Souscripteur frappé par le sort.		Noms et qualités de MM. les Dépositaires des fonds de l'Association.	de MM. les Dépositaires des fonds de l'Association.	Observations.
		Report.	535,800	»	»	539,595	70	»	»	»
Var.	Cuers.	SEDENQ, Jean-C.-I.	400	47	exempté.	»	»	Azène, greffier.	Grisolles, not.	»
	Hyères.	Néant.	»	»	»	»	»	»	»	»
	Ollioules.	id.	»	»	»	»	»	»	»	non organisé.
	Solliès-Pont.	id.	»	»	»	»	»	Aiguier, gref.	»	id.
Vaucluse.	Avignon (sud)	AYMARD, Jean-J.	100	84	exempté.	»	»	Giera, prin. cl.	Jaune, not.	»
	Bedarrides.	Néant.	»	»	»	»	»	»	»	non organisé.
	Cavaillon.	id.	»	»	»	»	»	Sarnette, gref.	»	»
	L'Isle.	id.	»	»	»	»	»	Feuillet, gref.	»	»
	Apt.	id.	»	»	»	»	»	»	»	non organisé.
	Bonnieux.	id.	»	»	»	»	»	»	»	id.
	Cadenet.	id.	»	»	»	»	»	»	»	id.
	Gordes.	id.	»	»	»	»	»	Gardiol, prop.	»	»
	Pertuis.	id.	»	»	»	»	»	Fabre, greffier.	Vague, notaire.	»
	Carpentras.	id.	»	»	»	»	»	Francou, c-nég.	»	»
	Mormoiron.	id.	»	»	»	»	»	»	»	non organisé.
	Pernes.	BACULARD, Hypp.	500	68	exempté.	»	»	De Gasqui, pr.	Maurier, not.	»
	Sault.	LAZARE, Al.-F.-P.	500	21	appelé.	997	41	Jourdan, gref.	Morard, not.	»
	Orange.	Néant.	»	»	»	»	»	»	»	non organsé.
	Baumes.	id.	»	»	»	»	»	»	»	id.
	Bollène.	id.	»	»	»	»	»	Chaix, greffier.	Guichard, not.	»
	Malancène.	id.	»	»	»	»	»	»	»	non organisé.
	Vaison.	id.	»	»	»	»	»	»	»	id.
	Valréas.	DURAND, Jean-P.	500	5	appelé.	997	41			
		PELISSIÉ, Aymé.	600	21	appelé.	1,178	47			
		COUSTON, Vincent.	600	59	exempté.	»	»			
	Nyons (Drôme)	ESTÈVE, Bern.-P.	600	78	exempté.	»	»	Cordier, gref., à Valréas.	Charransol, notaire.	»
		GRAS, Régis Franç.	600	89	exempté.	»	»			
		VINCENT, Fr.-E.	600	45	appelé.	1,178	47			
	Grignan (Drôme)	DURAND, Adrien-S	600	23	appelé.	1,178	47			
Vendée.	Bourbon-V.	Néant.	»	»	»	»	»	»	»	non organisé.
	Chantonnay.	id.	»	»	»	»	»	»	»	id.
	Les-Essarts.	id.	»	»	»	»	»	Papaillon, gref.	Raboisson, not.	»
	Les Herbiers.	id.	»	»	»	»	»	Richard, not.	»	»
	Mareuil.	id.	»	»	»	»	»	»	»	non organisé.
	Montaigu.	id.	»	»	»	»	»	»	»	id.
	Mortagne-sur-Sèvre.	ECHASSERIAU, L.	700	74	exempté.	»	»			
		POIRIER, Louis.	500	80	exempté.	»	»			
		POIRIER, Jacques.	600	127	exempté.	»	»			
		JOBARD, Pierre-A.	600	24	appelé.	1,178	47	Billaud, prop.	Billaud, not.	»
		GUERRY, Pierre.	700	77	exempté.	»	»			
		LEROUX, Augustin	600	117	exempté.	»	»			
		GUÉRIN, Augustin.	300	41	appelé.	604	51			
	Le Poiré.	Néant.	»	»	»	»	»	»	»	non organisé.
	Roche-Servière.	id.	»	»	»	»	»	»	»	id.
	Saint-Fulgent.	id.	»	»	»	»	»	»	»	id.
	Fontenay.	id.	»	»	»	»	»	Crouzat, gref.	Bonnaud, not.	»
	Chaillé-les-Mar.	id.	»	»	»	»	»	»	»	non organisé.
	laChataigneraye	id.	»	»	»	»	»	»	»	id.
	L'Hermenault.	id.	»	»	»	»	»	Dibot, gref.	Raitig, notaire.	»
	Luçon.	id.	»	»	»	»	»	»	»	non organisé.
	Maillezais.	id.	»	»	»	»	»	»	»	id.
	Pouzanges.	id.	»	»	»	»	»	»	»	id.
	Sainte-Hermine.	id.	»	»	»	»	»	Dibot, greffier.	David, notaire.	»
		A reporter.	545,400	»	»	546,908	91			

VENDÉE. VIENNE. HAUTE-VIENNE.

DÉPARTEMENTS.	CANTON où le Souscripteur a concouru au tirage au sort.	NOMS et PRÉNOMS des SOUSCRIPTEURS.	Montant de la souscription.	N° échu au tirage au Souscripteur.	Résultat des décisions du Conseil de révision touchant le Souscripteur.	SOMME brute revenant au Souscripteur frappé par le sort.		NOMS ET QUALITÉS de MM. les Directeurs qui ont reçu la souscription.	de MM. les Dépositaires des fonds de l'Association.	Observations.
		Report. .	545,400	»	»	546,908	91	»	»	»
Vendée.	Les Sables d'O-lonne.	CANTIN, Jean-Louis	600	6	appelé.	1,178	47	Cantin, propr.	»	»
		VIOLLEAU, Jean-L.	500	3	appelé.	997	41		»	»
	Beauvoir.	Néant.	»	»	»	»	»	»	»	non organisé.
	Challans.	id.	»	»	»	»	»	»	»	id.
	Lisle-Dieu.	id.	»	»	»	»	»	»	»	id.
	La-Mothe-Ach.	id.	»	»	»	»	»	»	»	id.
	Les-Moutiers.	id.	»	»	»	»	»	»	»	id.
	Noirmoutiers.	id.	»	»	»	»	»	»	»	id.
	Palluau.	id.	»	»	»	»	»	»	»	id.
	Saint-Gilles.	id.	»	»	»	»	»	»	»	id.
	S-Jean-de-Mont	id.	»	»	»	»	»	Billet, greffier.	Bouhier, not.	»
	Talmont.	id.	»	»	»	»	»	»	»	non organisé.
Vienne.	**Poitiers.**	Néant.	»	»	»	»	»	Leproux, of. r.	»	»
	Lusignan.	FOUQUAULT, Pier.	500	55	exempté.	»	»	De Lorgère, à P	Aigron, not.	»
	Mirebeau.	Néant.	»	»	»	»	»	Boulleau, gref.	Ducellier not.	»
	Neuville.	CHEBRET, Jacques.	100	4	appelé.	201	68	Girault, gref.	Caillard, not.	»
		GUIGNAULT, Jean.	100	62	exempté.	»	»			
	Saint-George.	TAFFET, Henri.	600	52	exempté.	»	»	De Lorgère, à P	Maille, notaire.	»
	Saint-Julien.	GAUVIN, Silvain.	800	34	exempté.	»	»	De Lorgère, à P	Blot, notaire.	»
	La-Ville-Dieu.	Néant.	»	»	»	»	»	De Lorgère, à P	»	»
	Vivonne.	id.	»	»	»	»	»	De Lorgère, à P	»	»
	Vouillé.	MARCIRAU, Joseph	500	105	exempté.	»	»	De Lorgère, ex-officier, à Poitiers.	Pineau. not.	»
		MEUNIER, Pierre.	500	30	appelé.	997	41			
		TIRIBILOT, Pierre.	400	29	exempté.	»	»			
	Chatelleraul	NIVERT, Louis-V.	1000	110	exempté.	»	»	Chauroy, avoc.	Pleignard, not.	»
	Dangé.	Néant.	»	»	»	»	»	Charpentier, g.	»	»
	Leigné-sur-Uss.	id.	»	»	»	»	»	»	»	non organisé.
	Lencloitre.	id.	»	»	»	»	»	»	»	id.
	Pleumartin.	CHAMPIGNY, Fr.	200	78	exempté.	»	»	Chanteloup, greffier.	Pasquier, not.	»
		PLESSIS. Louis.	400	41	appelé.	803	06			
		PRIMAULT, Alex.	200	18	appelé.	403	74			
	Saint-Savin.	NIVAULT, Auguste.	300	22	appelé.	604	51			
	Vouneuil-s-Vien	Néant.	»	»	»	»	»	»	»	non organisé.
	Civray.	id.	»	»	»	»	»	»	»	id.
	Availles.	id.	»	»	»	»	»	»	»	id.
	Charroux.	id.	»	»	»	»	»	Bonnaud, clerc.	Brouillet, not.	»
	Couhé.	id.	»	»	»	»	»	»	»	non organisé.
	Gençais.	GUICHARD, Louis.	300	20	exempté.	»	»	Argenton, gref.	Nicoulaud, not.	»
		BAUBET, Jean.	300	7	appelé.	604	51			
		BAUBET, Jean.	100	7	appelé.	201	68			
		BOUTHET, Louis.	100	52	exempté.	»	»			
	Loudun.	Néant.	»	»	»	»	»	»	»	non organisé.
	Moncontour.	id.	»	»	»	»	»	Moreau, gref.	Lantaud, not.	»
	Monts.	id.	»	»	»	»	»	»	»	non organisé.
	Trois-Moutiers.	id.	»	»	»	»	»	»	»	id.
	Montmorill.	id.	»	»	»	»	»	»	»	id.
	Chauvigny.	id.	»	»	»	»	»	Chapoulie , gr.	»	»
	L'Isle-Jourdain.	id.	»	»	»	»	»	»	»	non organisé.
	Lussac.	id.	»	»	»	»	»	»	»	id.
	Saint-Savin.	id.	»	»	»	»	»	»	»	id.
	La Trimouille.	id.	»	»	»	»	»	Berthon, gref.	»	»
H.-V.	**Limoges.**	Néant.	»	»	»	»	»	»	»	non organisé.
	Aixe.	id.	»	»	»	»	»	»	»	id.
		A reporter. .	552,900	»	»	552,901	38			

HAUTE-VIENNE. VOSGES.

Départements.	CANTON où le Souscripteur a concouru au tirage au sort.	NOMS et PRÉNOMS des SOUSCRIPTEURS.	Montant de la souscription.	Nº échu au tirage au Souscripteur.	Résultat des décisions du Conseil de révision touchant le Souscripteur.	SOMME brute revenant au Souscripteur frappé par le sort.		NOMS ET QUALITÉS de MM. les Directeurs qui ont reçu la souscription.	de MM. les Dépositaires des fonds de l'Association.	Observations.
		Report.	552,900	»	»	552,901	38	»	»	»
Haute-Vienne.	Ambazac.	Néant.	»	»	»	»	»	»	»	non organisé.
	Châteauneuf.	id.	»	»	»	»	»	»	»	id.
	Lymontiers.	id.	»	»	»	»	»	»	»	id.
	Laurière.	id.	»	»	»	»	»	»	»	id.
	Nieul.	id.	»	»	»	»	»	Texerand, dir.	»	»
	Pierre-Buffière.	id.	»	»	»	»	»	»	»	non organisé.
	Saint-Léonard.	id.	»	»	»	»	»	»	»	id.
	Bellac.	id.	»	»	»	»	»	Grateyrolle, pr.	Grateyrolle, n.	»
	Bessines.	id.	»	»	»	»	»	»	»	non organisé.
	Château-Ponsat.	id.	»	»	»	»	»	»	»	id.
	Le Dorat.	id.	»	»	»	»	»	»	»	id.
	Magnac-Laval.	id.	»	»	»	»	»	Dubreuil, c-gr.	»	»
	Mézières.	id.	»	»	»	»	»	»	»	non organisé.
	Nantiat.	id.	»	»	»	»	»	Mallebay, gref.	»	»
	S-Sulpice-les-F.	id.	»	»	»	»	»	»	»	non organisé.
	Rochechouar	id.	»	»	»	»	»	»	»	id.
	Oradour.	id.	»	»	»	»	»	»	»	id.
	Saint-Junien.	id.	»	»	»	»	»	Font-Reaux, gr.	»	»
	Saint-Laurent.	id.	»	»	»	»	»	Verger, gref.	»	»
	Saint-Mathieu.	id.	»	»	»	»	»	»	»	non organisé.
	Saint-Yrieix	id.	»	»	»	»	»	Dulery, secrét.	Meunier not.	»
	Chalus.	id.	»	»	»	»	»	Vessière, gref.	Dessenaud, n.	»
	Nexon.	id.	»	»	»	»	»	»	»	non organisé.
	Saint-Germain.	id.	»	»	»	»	»	»	»	id.
Vosges.	**Epinal.**	Néant.	»	»	»	»	»	Marotel, ex-h.	Legros, not.	»
	Bains.	id.	»	»	»	»	»	»	»	non organisé.
	Bruyères.	Besdel, Jean-Fran.	600	71	appelé.	1,178	47	Beufve, liquoris.	Girardin, not	»
	Châtel.	Néant.	»	»	»	»	»	»	»	non organisé.
	Rambervilliers.	id.	»	»	»	»	»	Beufve, liquor.	Triboulot, not.	»
	Xertigny.	id.	»	»	»	»	»	Frédéric, a. cl.	»	»
	Mirecourt.	id.	»	»	»	»	»	Jeandel, huiss.	»	»
	Charmes.	Maudru, Félix.	700	65	exempté.	»	»	Begin, agent d'affaires.	Grandjean, n.	»
		Remy, Joseph-L.	800	44	appelé.	1,558	64			
		Albert, Jean-Bap.	800	83	exempté.	»	»			
		Henry, Jean-J.-C.	800	25	appelé.	1,558	64			
	Bayon (Meurthe	Lecoeur, Nicolas.	800	104	exempté.	»	»	»	»	non organisé.
	Darney.	Néant.	»	»	»	»	»	»	»	»
	Dompaire.	id.	»	»	»	»	»	Gadault, gref.	»	»
	Monthureux.	id.	»	»	»	»	»	Clair, greffier.	Labrosse, not.	»
	Vittel.	Mathieu, Pierre.	100	104	exempté.	»	»	Richard, gref.	Bouet, notaire.	»
	Neufchâteau	Néant.	»	»	»	»	»	»	»	non organisé.
	Bulgnéville.	id.	»	»	»	»	»	»	»	id.
	Chatenois.	id.	»	»	»	»	»	»	»	id.
	Coussey.	id.	»	»	»	»	»	Bouchon, gref.	Lambert, not.	»
	Lamarche.	id.	»	»	»	»	»	Friot, greffier.	»	»
	Remiremont	id.	»	»	»	»	»	»	»	non organisé.
	Plombières.	Vançon, Jean-Fél.	200	28	appelé.	403	74	Poirot, gref.	Grillot, notaire.	»
	Ramonchamp.	Néant.	»	»	»	»	»	Thimont, gref.	Febvay, not.	»
	Saulxures.	id.	»	»	»	»	»	Blaison, gref.	»	»
	Saint-Dié.	id.	»	»	»	»	»	Hachette, rent.	»	»
	Brouvelieures.	id.	»	»	»	»	»	Beufve, liquor.	Magnien, not.	»
	Corcieux.	Claudel, Jean-N.	800	60	exempté.	»	»	Beufve, liquoriste, à Bruyères.	Girardin, not. à Bruyères.	»
		Georges, Jean-C.	800	90	exempté.	»	»			
		Poirat, Nicolas.	800	27	appelé.	1,558	64			
		A reporter.	560,100	»	»	559,159	51			

VOSGES. YONNE.

DÉPARTEMENTS.	CANTON où le Souscripteur a concouru au tirage au sort.	NOMS et PRÉNOMS des SOUSCRIPTEURS.	Montant de la souscription.	N° échu au tirage au Souscripteur.	Résultat des décisions du Conseil de révision touchant le Souscripteur.	SOMME brute revenant au Souscripteur frappé par le sort.		NOMS ET QUALITÉS de MM. les Directeurs qui ont reçu la souscription.	de MM. les Dépositaires des fonds de l'Association.	Observations.
		Report. .	560,100	»	»	559,159	51	»	»	»
	Corcieux.	VILLEMIN, Jean-B.	200	39	appelé.	403	74	Benfve, liquor. à Bruyères.	Girardin, not. à Bruyères.	»
		THIÉRY, Joseph.	800	57	appelé.	1,558	64			»
	Fraize.	THIÉBAUT, Jean-B.	100	55	exempté.	»	»	Bastien, gref.	Batremeix, not.	»
		CLAUDE, Jean-Bap.	300	31	appelé.	604	51			
		BEDEL, Jean-Joseph	200	32	exempté.	»	»			
Vosges.		BONNE, Nicolas-J.	300	52	exempté.	»	»			
	Gérardmer.	CROUVIZIER, J.-B.	100	52	exempté.	»	»	Martin, gref.	Paxion, not.	»
		GEGONT, Félix.	100	56	exempté.	»	»			
		MOREL, Jean-Bap.	200	26	appelé.	403	74			
		LEJAL, Jean-Josep.	300	51	exempté.	»	»			
	Raon-l'Etape.	Néant.	»	»	»	»	»	»	»	non organisé.
	Saales.	id.	»	»	»	»	»	»	»	id.
	Schirmeck.	id.	»	»	»	»	»	Thouvenot, gr.	»	»
	Senones.	id.	»	»	»	»	»	»	»	non organisé.
	Auxerre.	Néant.	»	»	»	»	»	»	»	non organisé.
	Chablis.	id.	»	»	»	»	»	Chuchu, gref.	»	»
	Coulange-la-Vin	id.	»	»	»	»	»	»	»	non organisé.
	Coulange-sur-Y.	id.	»	»	»	»	»	Bonhomme, g.	»	»
	Courson.	id.	»	»	»	»	»	Saussier, gref.	»	»
	Ligny-le-Châtel	id.	»	»	»	»	»	»	»	non organisé.
	Saint-Florentin.	id.	»	»	»	»	»	Besson, huiss.	»	»
	Saint-Sauveur.	id.	»	»	»	»	»	»	»	non organisé.
	Seignelay.	id.	»	»	»	»	»	»	»	id.
	Toncy.	id.	»	»	»	»	»	Clerjault, clerc.	Merlin, not.	»
	Vermanton.	id.	»	»	»	»	»	»	»	non organisé.
	Avallon.	id.	»	»	»	»	»	»	»	id.
	Guillon.	id.	»	»	»	»	»	Montarlot, gr.	Bauby, notaire.	»
	L'Isle-sur-le-Ser	id.	»	»	»	»	»	Ferrey, gref.	»	»
	Quarré-les-Tom.	id.	»	»	»	»	»	Houdaille, huis.	»	»
	Vézelay.	id.	»	»	»	»	»	»	»	non organisé.
Yonne.	**Joigny.**	id.	»	»	»	»	»	Chaudot, not.	»	»
	Aillant.	id.	»	»	»	»	»	Cassemiche, gr.	Ravin, notaire.	»
	Bleneau.	id.	»	»	»	»	»	»	»	non organisé.
	Brienon.	id.	»	»	»	»	»	»	»	id.
	Cerisiers.	id.	»	»	»	»	»	»	»	id.
	Charny.	id.	»	»	»	»	»	Grenet, huiss.	»	»
	Saint-Fargeau.	id.	»	»	»	»	»	»	»	non organisé.
	St-Julien-du-S.	id.	»	»	»	»	»	»	»	id.
	Villeneuve-le-R.	id.	»	»	»	»	»	Bailly, gref.	»	»
	Sens.	id.	»	»	»	»	»	»	»	non organisé.
	Chéroy.	id.	»	»	»	»	»	»	»	id.
	Pont-sur-Yonne.	id.	»	»	»	»	»	»	»	id,
	Sergines.	id.	»	»	»	»	»	Bourbon, gref.	»	»
	Villeneuve-l'Ar.	id.	»	»	»	»	»	Retel greffier,	»	»
	Tonnerre.	PETION, Alexandre	800	12	appelé.	1,558	64	Desmaisons, secrét. de la m.	Cosson, not., à Dannemoine.	»
	Ervy (Aube).	ROYER, Jean-Bapt.	200	109	exempté.	»	»			»
	Ancy-le-Franc.	Néant.	»	»	»	»	»	Gault, propr.	»	»
	Cruzy.	id.	»	»	»	»	»	»	»	non organisé.
	Flogny.	id.	»	»	»	»	»	Gentelot, gref.	»	»
	Noyers.	id.	»	»	»	»	»	Labosse, prop.	»	»
	Réunion des centimes indivisibles sur chacune des douze masses.					11	22			
		Total. .	563,700	»	»	563,700	»			

RÉCAPITULATION.

L'*Union des Familles*, suivant l'état qui précède, a reçu **1,319** souscriptions pour la classe de 1841, lesquelles sont réparties ainsi qu'il suit :

143	de la cotisation de	100 fr., qui ont produit	. . . . . . fr.	14,300
140	id.	de 200	id.	. . . . .	28,000
212	id.	de 300	id.	. . . . .	63,600
204	id.	de 400	id.	. . . . .	81,600
247	id.	de 500	id.	. . . . .	123,500
214	id.	de 600	id.	. . . . .	128,400
64	id.	de 700	id.	. . . . .	44,800
76	id.	de 800	id.	. . . . .	60,800
6	id.	de 900	id.	. . . . .	5,400
11	id.	de 1,000	id.	. . . . .	11,000
1	id.	de 1,100	id.	. . . . .	1,100
1	id.	de 1,200	id.	. . . . .	1,200

1,319 souscriptions.   TOTAL GÉNÉRAL DES FONDS DE L'ASSOCIATION,   fr. 563,700

Position définitive des souscripteurs, résultant des décisions des conseils de révision.

	Souscripteurs exemptés.	Souscripteurs compris dans le contingent.	Totaux.
Appartenant à la cotisation de fr. 100	71	72	143
id. de 200	74	66	140
id. de 300	111	101	212
id. de 400	108	96	204
id. de 500	134	113	247
id. de 600	90	124	214
id. de 700	33	31	64
id. de 800	34	42	76
id. de 900	2	4	6
id. de 1,000	7	4	11
id. de 1,100	1	»	1
id. de 1,200	»	1	1
	665	654	1,319

Division des fonds de l'Association, d'après les dispositions de l'article 11 des Statuts (1).

1re masse provenant des 100 fr. versés par chacun des	1,319	souscripteurs, fr.	131,900
2e masse provenant des 100	versés par chacun des 1,176	id.	117,600
3e masse provenant des 100	versés par chacun des 1,036	id.	103,600
4e masse provenant des 100	versés par chacun des 824	id.	82,400
5e masse provenant des 100	versés par chacun des 620	id.	62,000
6e masse provenant des 100	versés par chacun des 373	id.	37,300
7e masse provenant des 100	versés par chacun des 159	id.	15,900
8e masse provenant des 100	versés par chacun des 95	id.	9,500
9e masse provenant des 100	versés par chacun des 19	id.	1,900
10e masse provenant des 100	versés par chacun des 13	id.	1,300
11e masse provenant des 100	versés par chacun des 2	id.	200
12e masse provenant des 100	versés par chacun des 1	id.	100

Somme égale au fonds général de l'Association. . 563,700

---

(1) Pour bien comprendre la manière dont la répartition a été faite, il faut se rappeler

Fixation du dividende de la répartition.

La 1re masse s'élevant à fr. 131,900, partagée entre
654 souscripteurs frappés par le sort, donne à chacun,
mise comprise. . . . . fr. 201 68,   fr. 1 28 indivisible.

La 2e masse, s'élevant à fr. 117,600, partagée entre
582 souscripteurs frappés par le sort, donne à chacun,
mise comprise. . . . . 202 06,   1 08   id.

La 3e masse, s'élevant à fr. 103,600, partagée entre
516 souscripteurs frappés par le sort, donne à chacun,
mise comprise. . . . . 200 77,   2 68   id.

La 4e masse, s'élevant à fr. 82,400, partagée entre
415 souscripteurs frappés par le sort, donne à chacun,
mise comprise. . . . . 198 55,   1 75   id.

La 5e masse, s'élevant à fr. 62,000, partagée entre
319 souscripteurs frappés par le sort, donne à chacun,
mise comprise. . . . . 194 35,   2 35   id.

La 6e masse, s'élevant à fr. 37,300, partagée entre
206 souscripteurs frappés par le sort, donne à chacun,
mise comprise. . . . . 181 06,   1 64   id.

La 7e masse, s'élevant à fr. 15,900, partagée entre
82 souscripteurs frappés par le sort, donne à chacun,
mise comprise. . . . . 193 90,   » 20   id.

La 8e masse, s'élevant à fr. 9,500, partagée entre
51 souscripteurs frappés par le sort, donne à chacun,
mise comprise. . . . . 186 27,   » 23   id.

La 9e masse, s'élevant à fr. 1,900, partagée entre
9 souscripteurs frappés par le sort, donne à chacun,
mise comprise. . . . . 211 11,   » 1   id.

La 10e masse, s'élevant à fr. 1,300, partagée entre
5 souscripteurs frappés par le sort, donne à chacun,
mise comprise. . . . . 260 »

La 11e masse, s'élevant à fr. 200, partagée entre
1 souscripteur frappé par le sort, donne à chacun,
mise comprise. . . . . 200 »

La 12e masse, s'élevant à fr. 100, partagée entre
1 souscripteur frappé par le sort, donne à chacun,
mise comprise. . . . . 100 »

En conséquence,

Il revient à chacun des 654 souscripteurs de la 1re masse
frappés par le sort, pour les 100 fr. de sa souscription dans l'Association mutuelle, mise comprise. . . . . fr. 201 68

A chacun des 582 souscripteurs de la 2e masse frappés
par le sort, pour 200 fr.,

De la 1re masse. . . . . 201 68 }
De la 2e masse. . . . . 202 06 } 403 74

---

que tous les souscripteurs, quelle que soit la somme pour laquelle ils se sont intéressés
dans l'Association mutuelle, concourent entre eux pour une première somme de 100 fr.,
qui est partagée entre tous les souscripteurs indistinctement frappés par le sort. Pour l'intelligence du travail, cette mise de 100 fr. prendra le nom de *première masse*.

Tous les souscripteurs d'une somme de 200 fr. et au-dessus, concourent une seconde fois
pour une seconde somme de 100 fr., qui est également partagée entre tous les souscripteurs, sans distinction, frappés par le sort. Cette seconde mise de 100 fr. s'appellera
deuxième masse.

Tous les souscripteurs d'une somme de 300 fr. et au-dessus concourront une troisième
fois pour une troisième somme de 100 fr., qui est aussi partagée entre tous les souscripteurs
frappés par le sort. Cette troisième somme de 100 fr. s'appellera *troisième masse*.

Enfin, suivant l'exemple posé à la page 19 des Instructions, il sera formé autant de masses
qu'il y aura de souscripteurs qui auront augmenté leurs cotisations de 100 fr.

A chacun des 516 souscripteurs de la 3e masse frappés par le sort, pour 300 fr.,

De la 1re masse.	201	68	
De la 2^d masse.	202	06	604 51
De la 3e masse.	200	77	

A chacun des 415 souscripteurs de la 4e masse frappés par le sort, pour 400 fr.,

De la 1re masse.	201	68	
De la 2e masse.	202	06	803 06
De la 3e masse.	200	77	
De la 4e masse.	198	55	

A chacun des 319 souscripteurs de la 5e masse frappés par le sort, pour 500 fr.,

De la 1re masse.	201	68	
De la 2^d masse.	202	06	
De la 3e masse.	200	77	997 41
De la 4e masse.	198	55	
De la 5e masse.	194	35	

A chacun des 206 souscripteurs de la 6e masse frappés par le sort, pour 600 fr.,

De la 1re masse.	201	68	
De la 2e masse.	202	06	
De la 3e masse.	200	77	
De la 4e masse.	198	55	1,178 47
De la 5e masse.	194	35	
De la 6e masse.	181	06	

A chacun des 82 souscripteurs de la 7e masse frappés par le sort, pour 700 fr.,

De la 1re masse.	201	68	
De la 2e masse.	202	06	
De la 3e masse.	200	77	
De la 4e masse.	198	55	1,372 37
De la 5e masse.	194	35	
De la 6e masse.	181	06	
De la 7e masse.	193	90	

A chacun des 51 souscripteurs de la 8e masse frappés par le sort, pour 800 fr.,

De la 1re masse.	2o1	68	
De la 2e masse.	202	06	
De la 3e masse.	200	77	
De la 4e masse.	198	55	
De la 5e masse.	194	35	1,558 64
De la 6e masse.	181	06	
De la 7e masse.	193	90	
De la 8e masse.	186	27	

A chacun des 9 souscripteurs de la 9e masse frappés par le sort, pour 900 fr.,

De la 1re masse.	201	68	
De la 2e masse.	202	06	
De la 3e masse.	200	77	
De la 4e masse.	198	55	
De la 5e masse.	194	35	1,769 75
De la 6e masse.	181	06	
De la 7e masse.	193	90	
De la 8e masse.	186	27	
De la 9e masse.	211	11	

A chacun des 5 souscripteurs de la 10e masse frappés
par le sort, pour 1,000 fr.,

De la 1re masse.	201	68
De la 2e masse.	202	06
De la 3e masse.	200	77
De la 4e masse.	198	55
De la 5e masse.	194	35
De la 6e masse.	181	06
De la 7e masse.	193	90
De la 8e masse.	186	27
De la 9e masse.	211	11
De la 10e masse.	260	»

} 2,029 75

A chacun des 1 souscripteur de la 11e masse frappé
par le sort; pour 1,100 fr.,

De la 1re masse.	201	68
De la 2e masse.	202	06
De la 3e masse.	200	77
De la 4e masse.	198	55
De la 5e masse.	194	35
De la 6e masse.	181	06
De la 7e masse.	193	90
De la 8e masse.	186	27
De la 9e masse.	211	11
De la 10e masse.	260	»
De la 11e masse.	200	»

} 2,229 75

A chacun des 1 souscripteur de la 12e masse frappé
par le sort, pour 1,200 fr.,

De la 1re masse.	201	68
De la 2e masse.	202	06
De la 3e masse.	200	77
De la 4e masse.	198	55
De la 5e masse.	194	35
De la 6e masse.	181	06
De la 7e masse.	193	90
De la 8e masse.	186	27
De la 9e masse.	211	11
De la 10e masse.	260	»
De la 11e masse.	200	»
De la 12e masse.	100	»

} 2,329 75

Résumé.

654 souscripteurs de la 1re masse, recevant fr. 201 68 chacun, produit fr.	131,898	72
582 id. 2e id. 202 06 id.	117,598	92
516 id. 3e id. 200 77 id.	103,597	32
415 id. 4e id. 198 55 id.	82,398	25
319 id. 5e id. 194 35 id.	61,997	65
206 id. 6e id. 181 06 id.	37,298	36
82 id. 7e id. 193 90 id.	15,899	80
51 id. 8e id. 186 27 id.	9,499	77
9 id. 9e id. 211 11 id.	1,899	99
5 id. 10e id. 260 » id.	1,300	»
1 id. 11e id. 200 » id.	200	»
1 id. 12e id. 100 » id.	100	»
Centimes indivisibles de la 1re masse.	1	28
id. de la 2e masse.	1	08
id. de la 3e masse.	2	68
id. de la 4e masse.	1	75
id. de la 5e masse.	2	35
id. de la 6e masse.	1	64
id. de la 7e masse.	»	20
id. de la 8e masse.	»	23
id. de la 9e masse.	»	01

SOMME ÉGALE AU FONDS GÉNÉRAL DE L'ASSOCIATION. . . 563,700 »

Le présent état de répartition vérifié et arrêté, ainsi que le prescrit l'article 17 des Statuts, par le Conseil supérieur.

Pour le Conseil et pour le président absent,

Le Vice-Président,

DUGABÉ,

Député de l'Ariége.

Pour copie conforme :

Le Directeur-Général,

Paris, le 20 juillet 1842.

Imprimerie de TROUSSEL et ISAMBERT, rue Saint-Guillaume, 21.

Note de l'Administration.

Ce Compte-Rendu est adressé à chacun de MM les Préfets & Sous-Préfets de France, à chaque Correspondant & à chaque Dépositaire des fonds de l'Association.

Indépendamment, un certain nombre d'exemplaires est adressé à MM. les Correspondants, avec invitation de les communiquer à MM. les Souscripteurs, & de donner la plus grande publicité à ses résultats.

REMARQUES TRÈS-IMPORTANTES A FAIRE.

Les assurances à forfait, offertes *avant le tirage* par les maisons de remplacement, ont été traitées pour la classe de 1841 à 1,000 fr., 1,200 fr. et 1,400 fr., sans remise.

Le prix auquel les jeunes soldats de cette classe, qui n'ont pas eu recours aux assurances à forfait avant le tirage, ont pu se procurer des remplaçants, a été de 1,600 fr., 1,800 fr. et 2,000 fr.

D'un autre côté, les souscripteurs de l'UNION DES FAMILLES, qui se sont intéressés pour 500 f., 600 f. et 700 f., ont retiré de l'Association mutuelle 997 f. 41 c., 1,178 f. 47 c., 1,372 f. 37 c. (1)

Ces bases posées, voyons de quel côté a été l'avantage.

Les familles dont les fils n'ont pas été compris dans le contingent de l'armée, et qui ont donné la préférence au *traité à forfait*, se sont imposées un sacrifice de 1,000 fr , 1,200 fr. ou 1,400 fr., c'est clair.

Celles, au contraire, qui ont traité avec l'UNION DES FAMILLES, et dont les fils ont été également exemptés, n'ont perdu que 500 fr., 600 fr., ou 700 fr., c'est encore clair.

L'UNION DES FAMILLES donc a présenté, dans ce cas, l'économie de 500 fr., 600 fr., ou 700 fr., c'est-à-dire d'un capital.

Voyons pour l'autre cas.

Les assurés à forfait qui ont été compris dans le contingent, ont été remplacés moyennant 1,000 f., 1,200 f., ou 1,400 f., prix des traités avant le tirage des maisons de remplacement.

Pour atteindre le même résultat, qu'en a-t-il coûté aux souscripteurs de l'UNION DES FAMILLES qui se sont intéressés pour 500 fr., 600 fr., ou 700 fr., et qui ont payé leurs remplaçants 1,600 fr., 1,800 fr., ou 2,000 fr.?

Aux premiers, 1,102 fr. 59 c.; aux seconds, 1,221 fr. 53 c.; aux troisièmes, 1,327 fr. 63 c., à peu près la même somme qu'aux assurés à forfait.

En résumé, moitié moins pour le cas de libération, même somme pour le cas de mauvaise chance au tirage.

Si l'on remarque enfin que l'UNION DES FAMILLES n'est qu'à son début, qu'elle n'a recueilli que 1,319 souscriptions, et qu'ainsi restreinte, elle a dû, comme les *bourses locales*, se trouver exposée, pour cette première année, à tous les caprices du sort. Que l'année prochaine, recueillant 10 à 15,000 souscriptions, et ce résultat est certain, elle offrira à ses intéressés deux fois et 1/2 leur mise, on sera forcé de convenir que cette combinaison est la seule économique, et surtout la seule rassurante.

Pour connaître à fond son système, lire les notices publiées par l'Administration.

---

(1) Sur ces sommes, nous ne fesons pas déduction des frais de l'Administration, qui se compensent avec ceux réclamés par les compagnies de remplacement.

www.ingramcontent.com/pod-product-compliance
Ingram Content Group UK Ltd.
Pitfield, Milton Keynes, MK11 3LW, UK
UKHW020335130726
13696UKWH00003B/1357